Karriere beginnt im Kleiderschrank

W0055656

ECON Ratgeber

Das Buch

Den ersten Eindruck gleich als Chance nutzen — das lernen Sie durch dieses Buch. Im Englischen gibt es dafür einen stehenden Begriff: »You have only one chance to make the first impression.« Das heißt: »Für den ersten Eindruck hast du keine zweite Chance.« Die ersten dreißig Sekunden einer neuen Begegnung sind entscheidend, ob und wie Sie ankommen. In dieser halben Minute stellt sich allein über den Augenkontakt die innere Einstimmung zu dem anderen ein. Für diesen Augenblick eignet sich Ihre Kleidung als ein hervorragendes Mittel der nonverbalen Kommunikation. Ohne daß Sie auch nur ein Wort sprechen, zeigen Sie einen Teil Ihrer Persönlichkeit und signalisieren gleichzeitig, wo Sie sich gesellschaftlich angesiedelt sehen wollen. Darum: Erfolg fängt schon im Kleiderschrank an!

Die Autorin

Staatsexamen in Physio-/Bewegungstherapie, Kosmetik-/Visagistinausbildung, Formen- und Farbschulung im Rahmen eines Kunststudiums, NLP-Ausbildung Practitioner; Verfasserin zahlreicher Artikel, Seminare, Firmenschulungen zum Thema Corporate Identity, selbständige Beraterin für Persönlichkeits-Präsentation.

Dagmar Röcken

Karriere
beginnt im
Kleiderschrank

Outfit und Berufserfolg

ECON Taschenbuch Verlag

Originalausgabe

© 1991 by ECON Taschenbuch Verlag GmbH,
Düsseldorf und Wien, erweiterte Neuausgabe 1994
Umschlaggestaltung: Molesch/Niedertubbesing, Bielefeld
Die Ratschläge in diesem Buch sind von Autorin und Verlag
sorgfältig erwogen und geprüft; dennoch kann eine Garantie
nicht übernommen werden. Eine Haftung der Autorin bzw. des
Verlags und seiner Beauftragten für Personen-, Sach- und Ver-
mögensschäden ist ausgeschlossen.
Gesetzt aus der Stone Serif und der Syntax
Satz: HEVO GmbH, Dortmund
Druck und Bindearbeiten: Ebner Ulm
Printed in Germany
ISBN 3-612-20494-7

Widmung

Für Adalbert, Ludger und Lea

Danksagung

Wer schon einmal ein Buch geschrieben hat, weiß, daß immer mehrere daran beteiligt sind. An dieser Stelle möchte ich mich bei allen bedanken, die mir durch ihre Aufmerksamkeit, geduldiges Zuhören, Anmerkungen, Ideenzugaben und vieles mehr weitergeholfen haben.
Besonderer Dank gilt meiner Freundin Bärbel Klein.

Inhalt

Vorwort

Den ersten Eindruck gleich als Chance nutzen — das lernen Sie durch dieses Buch. Im Englischen gibt es dafür einen stehenden Begriff: »You have only one chance to make the first impression.« Das heißt: »Für den ersten Eindruck hast du keine zweite Chance.«
Die ersten dreißig Sekunden einer neuen Begegnung sind entscheidend, ob und wie Sie ankommen. In dieser halben Minute stellt sich allein über den Augenkontakt die innere Einstimmung zu dem anderen ein. Für diesen Augenblick eignet sich Ihre Kleidung als ein hervorragendes Mittel der nonverbalen Kommunikation. Ohne daß Sie auch nur ein Wort sprechen, zeigen Sie einen Teil Ihrer Persönlichkeit und signalisieren gleichzeitig, wo Sie sich gesellschaftlich angesiedelt sehen wollen. Darum: *Erfolg fängt schon im Kleiderschrank an!*
In diesem Zusammenhang werden in erster Linie die berufstätigen Frauen angesprochen, die nicht viel Zeit und manchmal auch keine allzu großen finanziellen Mittel für ihr Äußeres zur Verfügung haben; Frauen, die nach mehrjähriger Familienphase wieder in den Beruf einsteigen oder nach ihrer Ausbildungszeit eine Stelle antreten; Frauen, die sich beruflich umorientieren oder einen erfolgversprechenden Arbeitsplatz suchen und

darum Wert darauf legen, bei ersten neuen Kontakten direkt einen guten Einstieg zu finden.

Dieses Buch beschäftigt sich auch mit der Komplexität des guten Aussehens überhaupt. Ich habe mich ganzheitlich damit auseinandergesetzt und dargestellt, welche verschiedenen Gesichtspunkte für jede einzelne Frau damit verbunden sind. In diesem Buch geht es darum, alle Aspekte des guten Aussehens zu beleuchten — unter Berücksichtigung der Gesundheit und der momentanen inneren Einstellung. Die Spanne reicht von der Ernährung bis zum Make-up, vom intelligenten Einkauf bis zum Kaufverhalten, von den Haaren bis zu den Schuhen.

Sie finden einen Orientierungsfaden und praktische Hinweise zu einer durchorganisierten Garderobe mit der Möglichkeit, die zahlreichen modischen »Klippen« zu umschiffen. Hier geht es nicht darum, immer im Trend zu liegen, sondern die richtige Wahl, die Ihren individuellen Bedingungen und Ihren momentanen beruflichen Anforderungen entspricht, zu treffen. Die dadurch gewonnene Lebenszeit können Sie effektiver für Ihr persönliches Weiterkommen nutzen.

Kurz: Ich verspreche Ihnen keine Wunder, aber reale Schritte der Verbesserung.

Dagmar Röcken

Seminare der Autorin
Fordern Sie bitte Unterlagen an:
Dagmar Röcken & Partner
Personal Presentation — Beratung und Training
Semperstraße 15, 45138 Essen
Tel.: 0201 / 26 37 72
Fax.: 0201 / 25 53 46

Die Macht des ersten Augenblicks

E s ist nicht möglich, nicht zu wirken! Immer wieder kommen Sie in Situationen, in denen von Ihren Umgangsformen und Ihrem äußeren Erscheinungsbild auf Kompetenz und Qualifikation geschlossen wird.

Das Thema Kleidung bei Vorstellungsgesprächen befaßt sich in Wirklichkeit mit Ihrem ersten Eindruck, den Sie auf ihr Gegenüber machen. Überdenken Sie doch einmal folgende Aussage: SIE MACHEN den ERSTEN EINDRUCK. Viele von uns haben die Vorstellung, daß sie diesbezüglich auf den Goodwill ihres Gegenübers angewiesen sind, ihres eigenen Handlungsspielraums aber sind sie sich nicht bewußt.
Ich gehe davon aus, daß Sie zu den Menschen gehören, die nicht alles dem Zufall überlassen wollen.

Was können Sie also tun, um bei wichtigen Kontakten einen guten ersten Eindruck zu machen?

Welche Möglichkeiten Sie unabhängig von Ihrer fachlichen Qualifikation nutzen können, um sich ein gutes Entree zu verschaffen, davon handeln die nächsten Kapitel.

Fair play, please!

Ich spreche von Fair play, um Sie zu sensibilisieren für die Kleidungssituation aus der Sicht des Arbeitgebers. Da ich im Rahmen meiner beruflichen Tätigkeit neben öffentlichen Seminaren auch firmeneigene Seminare zu diesem Themenkomplex gebe, werde ich von seiten der Personalleitung immer wieder mit derselben Sachlage konfrontiert:

Beim Vorstellungstermin sind mit wenigen Ausnahmen alle KandidatInnen gepflegt und durchaus akzeptabel gekleidet. Nach der Einstellung jedoch verändert sich das äußere Erscheinungsbild zunehmend. Nach Ablauf einer anfänglichen Akklimatisierungsphase treten die MitarbeiterInnen dann sukzessive mit lässigerer Kleidung auf, die bis hin zur reichlich mitgenommenen Jeans geht. Die eigene Bequemlichkeit setzt sich durch und wird mit »persönlicher Freiheit« oder »Individualität« gerechtfertigt.

Wenn sich der Arbeitgeber für Sie entschieden hat (und das hat er nicht nur aufgrund Ihrer Leistungen getan, sondern weil Sie sein Interesse weckten), dann rechnet er doch auch damit, daß Sie sich ebenso sozial in sein Unternehmen integrieren lassen. Enttäuschen Sie seine Erwartungen nicht,

*und achten Sie stets auf ein gewisses Gleichmaß in der Aus-
sage Ihrer Kleidung.*

Hat der Arbeitgeber das äußere Erscheinungsbild seiner
MitarbeiterInnen innerhalb der Firma nicht schon beim
Einstellungsgespräch thematisiert und seine Vorstellungen deutlich gemacht, ist es hinterher für ihn nur
noch schwer möglich, sie daraufhin anzusprechen. Die
meisten von uns reagieren auf die Bitte einer Korrektur,
was das Äußere betrifft, sehr sensibel.
Wenn Sie sich in bezug auf Ihr Äußeres unsicher fühlen,
orientieren Sie sich an denen, die beruflich da sind, wo
sie noch hin möchten.

*Fair play — halten Sie den Level, mit dem Sie angetreten
sind! Machen Sie sich bewußt, daß Sie mit Ihrem Auftreten
und Aussehen sowohl untereinander als auch dem Kunden
gegenüber das Bild, daß Ihre Firma nach außen repräsen-
tiert, wirkungsvoll mitbestimmen.*

Mag sein, daß Sie in vielen Dingen nicht damit einverstanden sind, wie Vorgesetzte mit Ihnen umgehen. Niemals aber dürfen die Kunden mit schlechten Umgangsformen konfrontiert werden, denn die Kundin oder der
Kunde beurteilt Sie und ist sehr schnell bereit, ein pau-
schales Urteil über das gesamte Unternehmen abzuge-
ben. Nach dem Motto »da wirst du schlecht bedient«
oder »die interessieren sich nur so lange für dich, bist du
das Produkt gekauft hast, danach bist du schnell lästig«
usw.
Vielleicht erinnern Sie sich an Situationen, in denen Sie
sich über die schlechte Bedienung maßlos ärgerten, und
jedesmal wenn Sie dann vielleicht sogar notgedrungen
dasselbe Geschäft wieder betreten mußten, dann warte-

ten Sie geradezu darauf, Ihren ersten negativen Eindruck wieder bestätigt zu bekommen.

In einem Arbeitsverhältnis sitzen aber letztendlich alle im gleichen Boot. Geht es dem Unternehmen gut, dann profitieren Sie ebenfalls davon. Hat die Firma ein gutes Image, so können Sie für sich nur Vorteile daraus ziehen, selbst wenn Sie sich beruflich verändern möchten. Außer einer Unternehmenskultur gibt es auch noch eine persönliche Kultur. Die läßt sich zwar nicht kaufen, aber die können Sie sich selbst erschaffen, und zwar unabhängig vom persönlichen Ausgangspunkt.

Selbsteinschätzung

W *ie schätze ich mich selbst ein?*
Will ich mich verändern?
Wenn ja, wo?

Um die eigenen Schwachstellen am schnellsten herauszufinden, beurteilen Sie sich selbst anhand der nachstehenden Punkte. Ich habe dazu das Schulnotensystem verwendet.

1 = sehr gut
2 = gut
3 = befriedigend
4 = ausreichend
5 = mangelhaft
6 = ungenügend

Durch das Benoten finden Sie am ehesten heraus, wo Sie anfangen können, etwas für sich zu tun.

Haare _____
Haut _____
Gewicht _____
Körperhaltung/
Gelenkigkeit _____

Körperpflege _____

Kleidung _____

Kaufverhalten _____

An den Punkten, bei denen Sie nicht zufrieden sind, arbeiten Sie jetzt schriftlich weiter:

Wo vernachlässige ich mich?
Wie kann ich das in Zukunft ändern?

Wo vernachlässige ich mich?	Wie kann ich das in Zukunft ändern?

Beispiel: Angenommen, Sie haben sich bei Ihrer Körperhaltung/Gelenkigkeit eine schlechte Note gegeben, dann schreiben Sie alles, was Ihnen dazu einfällt, auf. Wie konnte es zu diesem Zustand kommen? Wo muß ich umdenken? Was kann ich in den nächsten zwei Wochen schon anders machen?

Vorausgesetzt, Sie setzen sich gedanklich und *schriftlich* mit der Selbstanalyse auseinander, wird wahrscheinlich zum x-ten Male der Wunsch wach, mehr für sich zu tun. Damit es nicht nur bei dem Vorsatz bleibt, müssen Sie Ihre Freiräume genau herausfinden. Vielleicht fangen Sie mit einem Tageskreis an.

Wie viele Stunden wende ich auf für:

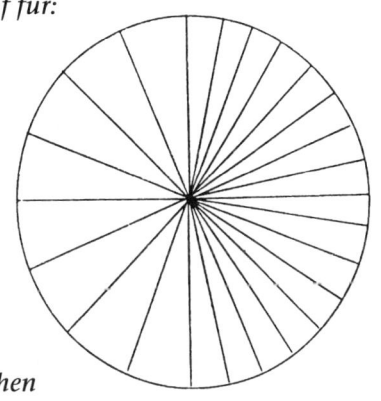

○ Familie
○ Haushalt
○ Beruf
○ Weiterbildung
○ Freizeit mit der
   Familie

Wo bleibt Zeit für Sie?
Wie sieht Ihr Tageskreis aus?
Wo können Sie für sich an welchen
Tagen Freiräume schaffen?

Malen Sie sich den Tageskreis in verschiedenen Farben aus:

Braun für Schlaf
Rot   für Hausarbeit (Versuchen Sie, in diesem Be-
       reich möglichst die gesamte Familie mit einzu-
       beziehen)
Pink   für Beruf
Blau   für Weiterbildung
Grün   für Familie und Freizeit

Durch das Lesen eines Fitneßbuches werden Sie nicht sportlicher. Mit anderen Worten: Durch die nun gewonnene Erkenntnis haben Sie noch nichts erreicht! Wenn Sie etwas für sich verändern wollen, *müssen Sie etwas tun!*

Die folgenden aufgelisteten Aussagen habe ich im Laufe der Zeit in meinen Seminaren zum Thema Personal Presentation immer wieder angetroffen.

Wo finden Sie sich wieder?	Ja	Nein	Manchmal
Ich weiß schon lange nicht mehr, was ich alles an Garderobe besitze.			
Ich ziehe mich mindestens dreimal vor einem wichtigen Termin um und gerate dann langsam in Panik.			
Ich kaufe Kleidung mit Schuldgefühlen wegen der Geldausgaben.			
Mein Kleiderschrank ist voll, aber wenn's darauf ankommt, habe ich nichts zum Anziehen.			
Ich kaufe meine Kleider spontan beim Bummeln durch die Boutiquen.			
Ich bin eine zwanghafte Schnäppchen-Einkäuferin.			
Erst wenn andere sich positiv über mein Äußeres aussprechen, fühle ich mich gut angezogen.			
Ich mache mit wachsendem Unmut fast jede Modelaune mit, weil ich nicht weiß, woran ich mich orientieren soll.			

Wo finden Sie sich wieder?	Ja	Nein	Manchmal
Für mich ist gut gekleidet zu sein, ein beruflich notwendiges Übel.			
Was mein Aussehen betrifft, habe ich aufgegeben.			
Mal laufe ich gut angezogen herum, dann wieder eher schlampig.			
Mein Aussehen ist immer noch Protesthaltung. Mir fällt aber auch nichts Besseres ein, letztlich ist alles wie eine Uniform.			
In meinem Kleiderschrank hängen ein Dutzend Fehleinkäufe.			
Meine Lässigkeit wird manchmal zur Nachlässigkeit mir selbst gegenüber.			
Beim Kauf meiner Kleidung lasse ich mir von der Verkäuferin oft etwas »andrehen«, worüber ich mich hinterher ärgere.			
In Boutiquen zu stöbern und anzuprobieren, gehört für mich zum positiven Zeitvertreib. Leider fällt so viel an Garderobe an, daß ich am Monatsende dadurch in finanzielle Schwierigkeiten gerate.			

Wo finden Sie sich wieder?	Ja	Nein	Manchmal
Für jedes Wochenendseminar packe ich meinen Koffer, als ob ich vierzehn Tage unterwegs wäre.			
Ich kann mich nur schwer von meiner Kleidung trennen, auch wenn ich sie schon lange nicht mehr trage.			
Den Aufwand (finanziell und zeitlich), den ich für mein Aussehen betreibe, steht in keinem Verhältnis zum Resultat.			
Wenn ich freundlich bedient werde, fühle ich mich dazu verpflichtet, auch etwas zu kaufen.			

Wenn Sie mehrere dieser Aussagen bejahen, dann lohnt es sich schon, darüber nachzudenken, ob Sie in Zukunft weiterhin diesen unnötigen Aufwand betreiben möchten. Bekanntlich fängt jede Veränderung im Kopf an und durch die bewußte Stellungnahme ist schon ein erster Schritt in diese Richtung getan.

Fallbeispiele

Die im folgenden beschriebenen Personen hatten einige dieser Schwierigkeiten, die im Fragebogen zur Sprache kamen.

Das Gefühl, sich nicht gekonnt zurechtzumachen, und die Orientierungslosigkeit beim Kauf von Kleidung haben sie veranlaßt, eine Identy-Styling-Beratung für sich in Anspruch zu nehmen.

Drei Fälle aus meiner Praxis ...

Fall 1

Frau P. (Psychologin)

Problem:

o Blasse Erscheinung
o Feines Haar
o Oberkörper erscheint länger als die Beine

Da sie zeitlich sehr eingespannt ist, empfindet sie den Kauf ihrer Kleidung (Sommer — Übergang — Winter) als zusätzlichen strapaziösen Zeitverlust, obwohl sie sich wohl fühlt, wenn sie gut gekleidet ist.

Beruflich steht sie oft vor offiziellen Terminen, bei denen korrekte Kleidung notwendig ist.

Wenn sie einmal gut gekleidet ist, empfindet sie das als wohltuenden Zufallstreffer.

Problemlösung:

Das Planen und Zusammenstellen einer Grundgarderobe (s. Seite 103). Dann erst werden Spontaneinkäufe (T-Shirts, Blusen, modische Accessoires usw.) sinnvoll, sie ergänzen eine Garderobe.

Sich zu schminken empfindet sie als künstlich. Da sie sich nicht gerne schminkt, sind die Farben, die sie trägt, ganz besonders wichtig.

Meine Empfehlung:

1. Farbanalyse
2. Stilberatung (Welche Kleiderschnitte/Garderobe sind für ihre Figur die geeignetsten?)
3. Einkaufsplaner (s. S. 117) Empfehlung: Werden Sie Stammkundin!!!
   Tragen Sie in Ihren Einkaufsplaner die Telefonnummern der Bekleidungsgeschäfte ein, die Ihre Stilrichtung vertreten, mit den Namen der Verkäuferinnen, mit deren Beratung Sie zufrieden waren.
   Je öfter Sie ein und dasselbe Geschäft aufsuchen, um so besserer Service wird Ihnen zuteil.
   Sie können zum Beispiel telefonisch anfragen, ob etwas in Ihrem Stil vorrätig ist, oder Ihre Wünsche ordern: »Wenn bei Ihnen eine jeansfarbene Seidenbluse eintrifft, sagen Sie mir bitte telefonisch Bescheid.«

In guten Fachgeschäften wird dann eine Kundenkartei für Sie angelegt.

4. Make-up Beratung: Maximal fünf bis zehn Minuten für ein natürliches, ungeschminktes Aussehen.

Fall 2

Frau G. (Beamtin)

Grund der Beratung war eine allgemeine Unzufriedenheit mit dem Aussehen, das durch die durchweg jüngeren Berufskolleginnen noch verstärkt wurde.

Problem:

o Zu viele Accessoires
o Sah etwas brav und angepaßt aus
o Schönes, kräftiges Haar (rotbraun gefärbt), das aber für ihr rundes Gesicht unpassend geschnitten war
o Das rechteckige Brillengestell mit bräunlich getönten Gläsern war absolut ungeeignet für ihre Gesichtsform

Meine Empfehlung:

Als erstes den Friscur wechseln! Heute trägt Frau G. einen asymmetrischen Haarschnitt und ihre eigene Haarfarbe (schneeweiß). Durch den Haarschnitt wirkt ihr Gesicht um einiges schmäler. Ihre Brille ist halb randlos, halb mit einem Silbergestell umfaßt, das nicht zu zierlich wirkt. Die Gläser sind nach unten leicht bläulich getönt, abgestimmt auf Augen und Haarfarbe. Da sie jetzt weiß, worauf sie bei Kauf ihrer Kleidung achten muß, hat sie nicht nur zusätzliche Zeit gewonnen, sondern sie ist auch modemutiger geworden. Durch ihre äußere Veränderung hat sie viel Anklang gefunden. Sie sagt von sich selbst, daß sie sich heute wesentlich selbstsicherer und aufgeschlossener gibt.

Fall 3

Frau S. (Angestellte)

Problem:

○ Voller Kleiderschrank und nichts zum Anziehen
○ Sie neigt zu Spontaneinkäufen, ohne diese in einem Zusammenhang zur vorhandenen Garderobe zu sehen, und fühlt sich besonders von herabgesetzter Markenware (Designer) angezogen
○ Ihr Kleiderkonsum und die damit verbundenen Ausgaben sind für Frau S. ein Problem

Problemlösung:

○ Lebensstil richtig einschätzen! (Welche Garderobe brauche ich tatsächlich?) Siehe Seite 112.
○ Garderobenplanung.
○ Verführungssituationen bewußt aus dem Weg gehen (Shopping-Ersatz suchen).
○ Verzicht auf Modezeitschriften. Modezeitschriften verkaufen Kleidung durch Verführung und bieten wenig Information über Qualität und Material. Sie wecken neue Bedürfnisse durch Vorführung (Verführung) von Illusionen: Es ist immer schönes Wetter. Alle haben gute Laune. Keine Frau ist über dreißig.

o Zu bestimmten, selbstgesetzten Terminen gezielt, nach Bedarf (Merkzettel) einkaufen.

o Alle Quittungen für Kosmetik, Kleidung, modische Accessoires im Einkaufsplaner sammeln und am Monatsende zusammenrechnen. Diese Berechnungen sieben bis acht Monate durchführen. Die errechnete Endsumme soll prozentual vom Gehalt abgezogen werden.

o Wenn Frau S. wieder spontan eine Boutique betritt, sollte sie das ausgesuchte Kleidungsstück einen Tag zurückhängen lassen. Wieder zu Hause, erlischt entweder der Reiz des Neuen schnell durch den gewonnenen Abstand, oder es stellt sich heraus, daß das in Aussicht stehende Teil eine erfolgversprechende Erweiterung der vorhandenen Garderobe ist. Damit wird der Entschluß bestimmt keine Fehlentscheidung.

Negativblocker

Wie man sich selbst Steine in den Weg legt

Während meiner Beratungstätigkeit kam es häufiger vor, daß manche Frauen Mut brauchten, um so gut auszusehen, wie es ihnen möglich war.

Eine Kundin äußerte sich nach einer Beratung so:»Die Frau im Spiegel gefällt mir gut, und wenn ich sie auf der Straße sähe, würde ich mich bewundernd nach ihr umdrehen, aber ... ich trau' mich nicht!«

Mut, um gut auszusehen, das gibt es also auch.

Was war passiert?

Sie hatte die Schutzzone der »grauen Maus« verlassen und war für jeden sichtbar attraktiv geworden. Dieses Gefühl, plötzlich auf dem »Präsentierteller« zu stehen, machte ihr angst, weil sie es nicht gewohnt war, auf diese Weise Aufmerksamkeit zu erregen.

Viele Frauen suchen Schutz in der Unauffälligkeit. Vielleicht werden sie durch plötzlichen Blickkontakt mit fremden Männern verunsichert und haben Angst, unangenehm »angemacht zu werden« und nicht schlagfertig genug zu sein. Oder sie befürchten, daß durch das gute Aussehen zuviel von ihnen erwartet werden könnte.

Es gibt viele Gründe und auch Ängste, warum manche Frau lieber im »Schutz« der Unauffälligkeit bleibt.

Aber leider entgehen solchen Frauen durch ihr Verhalten Chancen, sich weiter zu entfalten. Eine andere Möglichkeit, sich selbst zu blockieren, sind die Gedanken: Wie sehen und beurteilen mich die anderen? Wie fühle ich mich, wenn sich die anderen negativ (direkt oder indirekt) über mein Aussehen äußern?

Machen Sie Ihre Sicherheit nicht von der Beurteilung anderer abhängig, sonst kann es Ihnen passieren, daß Sie immer auf der Suche nach dieser Art der »Zuwendung« sind. Dies wird mit zunehmendem Alter nicht nur schwieriger, sondern auch immer frustrierender. Die Annahme der eigenen Person, unabhängig vom Alter, ist eine der wichtigsten Voraussetzungen, um mit dem eigenen Spiegelbild zufrieden zu sein. Hören Sie auf, aus den Augenwinkeln zu beobachten, ob und wie Sie bei den anderen »ankommen«. Es ist gar nicht möglich, allen zu gefallen, deshalb ist es um so wichtiger, daß Sie sich selbst gefallen.

Der Umgang mit sich selbst. Zu jedem sind Sie freundlich, nur zu sich selber sind Sie es nicht.

Viele Frauen machen sich schon morgens auf nüchternen Magen, bevor sie das Haus verlassen, vor dem Badezimmerspiegel »fertig«. Statt schon morgens auf nüchternen Magen beim ersten Blick in den Spiegel an Ihren Schwachpunkten herumzumäkeln, sollten Sie sich lieber zu Ihren schönen Augen und sonstigen Stärken gratulieren und sich überlegen, wie Sie Ihre positiven Aspekte betonen können. Sie werden erleben, daß Sie dadurch nicht nur schöner werden, sondern auch über andere Frauen weniger häßliche Dinge sagen, denn die selbst zugefügten Verunsicherungen kann man dann oft nur noch aushalten, wenn man jemanden findet, der im Eigenvergleich noch schlechter abschneidet. Das ist sicher ein Grund, warum gerade Frauen ihre Artgenossinnen mit Bravour verunsichern, kränken oder sogar abqualifizieren, wenn diese nicht so aussehen, wie es den eigenen Vorstellungen entspricht. Männer habe ich selten über das Aussehen eines Kollegen diskutieren hören.

Meiner Meinung nach fördern gerade *die gängigen Modezeitschriften* das Nichtannehmen des eigenen Aussehens. In diesen Zeitschriften werden permanent ewig jugendliche, dynamische, starke, sanfte, einfühlsame, absolut gepflegte Frauen vorgeführt, die auch noch sexy oder wie Vamps erscheinen.

Hinzu kommt noch, daß die Kleidung immer teurer und die Gesichter immer jünger werden. Würde sich nur die von den Modezeitschriften fotografierte Altersgruppe angesprochen fühlen, wäre der Verkauf solch edler Ware ziemlich reduziert.

Daraus folgt, daß die Frau ab einem gewissen Alter im wahrsten Sinne des Wortes von der Bildfläche verschwindet, was Werbung und Modezeitschriften betrifft. Männer hingegen scheinen durch graue Schläfen nicht an Attraktivität zu verlieren und werden sowohl in der Werbung als auch in Modemagazinen für den gehobenen Anspruch und Exklusivität gerne vorgezeigt.

Frauen, die in der Öffentlichkeit präsentiert werden und über dem imaginären »Verfalldatum« liegen, haben entweder etwas Außergewöhnliches erreicht oder sind die Gattin einer bekannten Persönlichkeit.

Modezeitschriften sollten frauenfreundlicher werden, indem sie die gesamte Palette ihrer Zielgruppe als Models vorführen, damit der Tatsache genüge getan wird, daß ältere oder mollige Frauen auch schicke Kleidung kaufen wollen. Aber bitte nicht separat in Zeitschriften für die Frau ab Vierzig!

Aussehen

Alles ist einem Wandel unterworfen und verändert dadurch seine Form.

Genauso verhält es sich mit unserem Äußeren.

Unsere äußere Erscheinung wird von unserem Körper, unserer Aufmachung und aus der Kleidung, die wir tragen, bestimmt. Kleidung und äußere Aufmachung sind ein Spiegelbild der Zeit und der persönlichen Entwicklung. Der einmal ausgereifte Körper bleibt über einen längeren Zeitraum konstant.

Was bleibt	Was wechselt
Körpergröße	Gewicht
Körperbau	Körperhaltung
Gesichtsform	Frisur
Hautton	Farbe
Augenfarbe	Make-up
	Mode

Aus dem, was konstant bleibt, ergibt sich für Sie die individuell beste Orientierung. Körpergröße und Körperbau sind entscheidend für Linienführung (Schnitte) Ihrer Kleidung. Gesichtsform, Hautton und Augenfarbe machen bestimmte Frisuren, Brillengestelle, Kleiderfarben und spezielles Make-up für Sie am günstigsten.

Dies herauszufinden und für Sie in bestmögliche Beziehung zu setzen, ist die Aufgabe einer Stilberaterin. So wie ein Anlageberater Ihnen eine gute Ausnutzung Ihres Kapitals vorschlägt, unter Berücksichtigung Ihrer momentanen Situation, kann eine Styling-Beratung neue Blickwinkel aufzeigen, um Ihr Aussehen zu verbessern.

Einige Frauen besitzen die Fähigkeit, sich intuitiv gekonnt zurechtzumachen, und erscheinen dann zu allen Anlässen, sei es beruflich oder privat, in einer beneidenswert guten Aufmachung. Schätzen Sie sich glücklich, wenn Sie sich zu dieser Gruppe zählen können, dann ist die Intuition auch weiter der richtige Weg für Sie. Doch der weitaus größere Teil von uns verstrickt sich in den Verlockungen der Modetrends. Wir kaufen unsere Kleidung subjektiv und besitzen dadurch selten etwas, mit dem wir über einen längeren Zeitraum hundertprozentig einverstanden sind. Demzufolge bleiben wir immer auf der Suche nach etwas Neuem, das uns noch besser darstellt. Wenn wir aber die objektiven Gesetzmäßigkeiten, die aus unserer Körperform, Größe, Gesichtsform, Hautton resultieren, verstehen lernen, dann sind wir nicht mehr unserer Subjektivität ausgeliefert und können gezielt einkaufen.

Bleibende Faktoren, an denen Sie sich modeunabhängig orientieren sollten:

Gesichtsform	Körperbau	Augenfarbe und Hautton
Haarschnitte Make-up Brille	variiert durch Bekleidungs-schnitte	Farben, die für Sie besonders günstig sind

Körperbau und Knochenstärke sind wichtig für die Linienführung (Kleiderschnitte, Farbabgrenzungen).
Eine zierliche Frau wirkt zum Beispiel in großen Stoffdrucken etwas verloren, während eine kräftige Frau in winzigen Blumen-, Pünktchen- oder Rautenmustern noch kräftiger erscheint. Die starke Diskrepanz zwischen Musterstärke und Körperbau wirkt auf den Betrachter und macht auf das Gegensätzliche erst aufmerksam.

Die Gesichtsform kann unter folgende Kategorien eingeteilt werden:

o oval,
o rund,
o schmal,
o kantig,
o birnenförmig (schmale Stirn und volle Wangen).

Um die eigene Gesichtsform zu erkennen, betrachten Sie die Linie von Ohrläppchen zu Ohrläppchen, also nur die untere Hälfte Ihres Gesichtes, da die obere Hälfte meistens durch hereinfallende Haare nicht genau zu erkennen ist. Die Form Ihres Gesichtes ist ein wichtiges Kriterium sowohl für den Haarschnitt als auch für das Brillengestell. Bei dem extrem langen oder runden Gesicht können Sie sich als Faustregel merken, daß die Kragenform am besten einen Kontrast darstellen sollte. Wenn Sie beispielsweise ein sehr schmales oder langes Gesicht haben, können Sie es durch einen Rollkragen oder auch Rundkragen »auffangen«, während ein V-Ausschnitt oder Schalkragen Ihr Gesicht länger erscheinen läßt.

Darum klappen Menschen mit einem langen, schmalen Gesicht oft intuitiv ihre Hemd- oder Mantelkragen hoch.

Die *Augenfarbe* bleibt ein Leben lang in etwa erhalten. Heute können Sie durch gefärbte Kontaktlinsen Ihre Augenfarbe verändern oder intensivieren.

Hautton. Die Beschaffenheit der Haut bestimmt den Hautton. Es gibt einen aschigen Hautton, einen bläulich oder rötlich unterlegten Hautton. Eine Haut mit einem hohen Melaninanteil (Pigmentfarbstoffanteil) geht ins Gelbliche. Weitere Eigenschaften werden durch die Durchblutung, die Schweiß- und Talgdrüsenproduktion bestimmt, wobei neben der Konstitution auch die Ernährung eine wesentliche Rolle spielt.

Farben. Nicht jede Farbe ist auch unbedingt eine gute Korrespondenzfarbe zu Ihrem Gesicht; dies hängt wiederum von Ihrem Hautton ab (s. S. 50).

Gewicht. Essensgewohnheiten sind oft nicht mehr reflektierte, fast schon ins Unterbewußtsein eingeschliffene, übernommene und selbstgeschaffene Regeln, die Sie nur langsam umwandeln können. Wenn Sie Probleme mit Ihrem Gewicht haben, stellen Sie Ihre Ernährung um. Halten Sie so lange durch, bis sich das vertraute Gefühl der Gewohnheit für Ihr neues Eßverhalten eingestellt hat. Erst durch häufiges Wiederholen des veränderten Verhaltensmusters wird es zur Selbstverständlichkeit. Wichtig dabei ist, daß Sie sich selbst Ihr Programm schreiben, da Sie Ihren Tagesrhythmus und Ihre Gewohnheiten kennen.

Um sich seiner Gewichtsprobleme auf Dauer zu entledigen, bedarf es mehr als einer Zwei-Wochen-Diät. Unabhängig davon, verändern wir die wenigsten wichtigen Dinge in unserem Leben im »Hau-ruck-Verfahren«.

Schulen Sie sich selber um, das geht zwar langsamer, dafür ist es aber auch erfolgversprechender auf lange Sicht. Diese Umstellung fängt im Kopf an!

> »Erst machst Du die Gewohnheit,
> dann macht die Gewohnheit dich.«
> Eine Regel, die sich günstig aus-
> wirkt, wenn man sich gute Gewohn-
> heiten schafft.
>
> (Michael Lukas Moeller)

Das Buch des Arztes und Psychoanalytikers Michael Lukas Moeller *Gesundheit ist eßbar* möchte ich Ihnen zu diesem Thema empfehlen. Es zeigt eine neue, wie ich finde, sehr einleuchtende Sicht in unsere Ernährungsgewohnheiten.

Ich mache Ihnen den Vorschlag, Ihre eigenen Schwachstellen herauszufinden und sie schriftlich zu formulieren. Dann überlegen Sie sich, welchen Ratschlag Sie jemandem für das gleiche Problem geben könnten.

Auf diese Weise können Sie Ihr eigenes Umschulungsprogramm herausfinden. Ich zum Beispiel habe viel zu hastig gegessen. Die dadurch häufig auftretenden Magenbeschwerden haben mich dazu bewegt, diese Gewohnheit zu ändern. Also habe ich angefangen, eine bestimmte Zeitspanne für jede Mahlzeit festzulegen.

Diese selbstauferlegte Disziplin hat mich zu Anfang ziemlich nervös gemacht, und erst als sich meine Einstellung von Grund auf verändert hat, wurde daraus eine Herausforderung an mich selbst. Von da an konnte ich viel lockerer mit dem neuen Eßverhalten umgehen. Angenommen, Sie haben eine große Schwäche für Süßigkeiten, dann planen Sie einen süßigkeitsfreien Tag in der Woche fest ein. Das ist besser als der Entschluß: »Ab morgen esse ich keine Süßigkeiten mehr.« Diesen Plan können Sie nach Ihren Vorstellungen erweitern und werden somit der Gewohnheit, andauernd Süßigkeiten zu essen, entkommen. Ob Sie Ihre Anstrengung als Bürde oder als Herausforderung sehen, trägt entscheidend zum Gelingen oder Mißlingen Ihrer Pläne bei. Nicht mehr als eine Veränderung pro Woche ist ratsam!

Weitere Möglichkeiten:

o Nach dem Essen räume ich sofort den Tisch ab.
o Essensreste werfe ich sofort weg.
o Nach zwanzig Uhr nehme ich keine Nahrung mehr zu mir. Bei Einladungen versuche ich, mich auf Salate oder Gemüse zu beschränken.

o Ein- bis zweimal pro Woche tausche ich mein Frühstück gegen Obst aus.

o Während des Essens unterlasse ich alle Nebentätigkeiten wie Radiohören, Zeitunglesen, Fernsehen.

o Ich lasse auf meinem Teller immer einen kleinen Rest zurück.

o Wann immer möglich, esse ich allein (Gesellschaft regt den Appetit an).

Haarfarbe. Im Gegensatz zu den meisten Männern sind Frauen mit ihrer Haarfarbe unzufrieden und verändern sie. Manche passen sich sogar mit ihrer Haarfarbe dem jeweiligen Modetrend an.

Sie sollten sich, wenn Sie Ihr Haar färben möchten, für Strähnchen entscheiden, damit nicht alle vier Wochen ein dunkler oder weißer Streifen am Haaransatz entsteht. Wenn Sie sich in Ihrer Naturhaarfarbe Strähnchen einziehen lassen, wirkt das Haar lebendiger. Außerdem bleibt Ihnen damit die Möglichkeit offen, sich irgendwann wieder in die eigene Haarfarbe einzuschleichen.

Mode bietet durch ihre Vielfalt Kleidung für die unterschiedlichsten Gesellschaftsformen.

Im Straßenbild werden teilweise extreme Einstellungen demonstriert. Die Bandbreite reicht vom »Punker«, der eine Anti-Haltung demonstriert, über den »Softi« (es muß schon der Kaschmirpulli sein) bis hin zum »Juppie« (Darstellung des Erfolgs um jeden Preis).

Auch Freizeitkleidung wird immer öfter getragen. Einige sind schon morgens mit neonfarbenem Sportdreß unterwegs.

Mit zunehmenden Lebensjahren, vorausgesetzt, die eigene Persönlichkeit stabilisiert sich, entfernt sich Kleidung immer mehr vom Verkleiden. Der Wunsch, sich seinen Mitmenschen authentisch darzustellen, wächst, so daß äußere Erscheinung und innere Einstellung stimmig sind.

Ausstrahlung. Wie wir einen Menschen auf den ersten Blick wahrnehmen, hängt nicht nur von seinem Aussehen und seiner Kleidung ab, sondern auch von unserer subjektiven Erfahrung von »Wirklichkeit«, die primär durch Erziehung und Elternhaus geprägt ist.

Ausstrahlung läßt sich nicht in einen allgemeingültigen Begriff fassen. Für Ihren Freund sind Sie interessant, spontan und witzig. Seine Mutter merkt, daß Ihr Rocksaum zerrissen ist und daß Sie nicht pünktlich zur Kaffeetafel erschienen sind. So sieht jeder den anderen über ein bestimmtes Wahrnehmungsmuster.

Auch auf Ihre Ausstrahlung haben Sie Einfluß. Es gibt mehrere Bedingungen, die grundlegend dazu beitragen, eine gute oder schlechte Ausstrahlung zu haben.

1. Schlaf	Ständige Übermüdung verändert Ihre Ausstrahlung durch die Gereiztheit und Unausstehlichkeit, die daraus resultieren.
2. Ernährung	Du bist, was du ißt! Nahrung als tägliche »Medizin« oder als Selbstzerstörung auf Raten mit Messer und Gabel.
3. Enge soziale Beziehungen	die über ein normales Maß hinaus strapaziös sind, wirken sich auf die Dauer auch negativ auf Ihre Ausstrahlung aus.
4. Arbeit	Sie nimmt einen großen Teil unseres Lebens ein und beschäftigt uns noch häufig über die Arbeitszeit hinaus. Glücklich sind diejenigen, denen es

gelungen ist, ihr »tägliches Brot« mit einer Tätigkeit zu verdienen, die ihren Fähigkeiten und Bedürfnissen entspricht, was sich mit Sicherheit auf ihre Ausstrahlung auswirkt.

5. *Bewegung* Ausreichend Bewegung, möglichst an der frischen Luft, unterstützt ihr Wohlbefinden und somit Ihr Aussehen. Für die Bewegung in den eigenen vier Wänden ist ein kleines Trampolin empfehlenswert. Es ist erschwinglich und bewirkt erstaunliches, was die Fitneß betrifft. Zehn bis fünfzehn Minuten Bewegung auf dem Trampolin können den gleichen Effekt haben wie eine halbe Stunde Joggen.

Eine fortdauernde Vernachlässigung dieser Punkte bewirkt, daß Ihre Ausstrahlung mit der Zeit verkümmert. Mit anderen Worten: Stellen Sie nicht immer nur Forderungen an sich selbst, sondern versuchen Sie, sich täglich etwas zu geben, was auf Dauer auch für andere von Nutzen ist.

Wie es Ihnen geht, wie Sie sich fühlen, wie Sie herumlaufen, liegt auch in Ihrer Eigenverantwortung. Ich persönlich bin der Meinung, daß es wesentlich ist, nicht nur feste Termine für berufliche Zwecke zu planen, sondern auch unumstößliche feste Zeiten für sich selbst in den Terminkalender einzutragen, damit das Wohlbefinden gewährleistet ist.

Auftreten

Augenkontakt, Gesichtsausdruck, Körperhaltung, Händedruck

Augenkontakt

Etwa 80 Prozent unserer Informationen erhalten wir über das Auge. Mit den Augen nehmen wir zuerst Kontakt zu unseren Mitmenschen auf. Die nonverbale Kommunikation der Augen ist vielseitiger als unser Wortschatz. Manches, was sich nicht in Worte kleiden läßt, drücken wir mit unseren Augen aus. Augenkontakt kann zum Kräftemessen werden.

Tip:

Falls Sie diejenige sind, die bei einem länger anhaltenden Blickkontakt zuerst die Augen niederschlägt, können Sie folgendes ausprobieren: Schauen Sie Ihrem Gegenüber einfach auf die Nasenwurzel. Er/sie wird den Unterschied nicht bemerken, und Sie können dadurch viel länger Blickkontakt halten, was in manchen Situationen wichtig ist, etwa bei der Forderung einer Gehaltserhöhung oder wenn es Ihnen schwerfällt, eigene Ansprüche durchzusetzen.

Gesichtsausdruck

Ihren Gesichtsausdruck nehmen Sie selbst nicht wahr, Sie lösen damit aber beim anderen ein bestimmtes Verhalten Ihnen gegenüber aus.

Kennen Sie folgende Situation? Sie empfinden ein Hochgefühl, weil sie frisch verliebt sind oder eine Gehaltserhöhung bekommen haben. In dieser Stimmung kaufen Sie ein, und plötzlich bemerken Sie, daß wildfremde Leute Sie anschauen und ihnen vielleicht sogar zunicken. Das alles hat »nur« ihr veränderter Gesichtsausdruck ausgelöst. Was sich in Ihrem Gesicht vor allem verändert hat, ist der Mund. Schauen Sie sich um, wenn Sie in einem Raum mit vielen Personen oder auf der Straße sind, überall finden sie herunterhängende Mundwinkel. Also lächeln Sie öfter, damit diese Muskelpartie nicht völlig untrainiert bleibt und Sie dadurch falsche Signale aussenden.

Körperhaltung

Unserer Körperhaltung schenken wir im allgemeinen wenig Beachtung, da wir uns nicht ständig selbst beobachten. Nur bei anderen sehen wir die hängenden Schulten, den gebeugten Rücken, den schlacksigen oder schlurfenden Gang.
Je nach Sitzhaltung unseres Gegenübers erkennen wir, ob wir seine Aufmerksamkeit gewonnen haben, oder wir spüren Desinteresse bis hin zur Ablehnung. Wir schließen beim anderen schnell von der Körperhaltung auf die innere Haltung. Um für sich ein Körpergespür zu entwickeln, eignen sich mehrere Möglichkeiten. Entspannungstechniken, zum Beispiel die Jacobson-Methode. Der Grundgedanke beruht auf der Beobachtung,

daß Muskelverspannungen einerseits und Angst, Erregung, Streß andererseits miteinander gekoppelt sind.

Die Jacobson-Methode ist für jeden leicht erlernbar, während das autogene Training über einen längeren Zeitraum geübt werden muß. Fast jede Volkshochschule bietet Entspannungskurse an. Wer seine Körperhaltung verbessern möchte, kann das über das Tanzen bis hin zum Kampfsport tun. Auch der Reitsport ist gut dazu geeignet. Übungen unter krankengymnastischer Anleitung für Ihre Rückenmuskulatur, die Sie zu Hause weiter fortsetzen können, sind besser angelegtes Geld als eine Jahreskarte für ein Bodybuildingcenter.

Händedruck

Er darf nicht zu stark und nicht zu schlaff sein! Weder der Catchergriff noch »eine lasche Hand« werden als angenehm empfunden.

Haare

Gerade Ihr Haar spielt für den ersten Eindruck eine wichtige Rolle. Deshalb sollten Sie einige Punkte beachten: Nicht jede neue Modelaune paßt unbedingt zu Ihrem Typ. Wichtiger ist es, daß Sie Ihre Gesichtsform berücksichtigen, entweder um sie zu unterstreichen oder um sie zu korrigieren. Das alles ist mit einem Haarschnitt, der im richtigen Verhältnis zum Kopf und zu Ihrer Körpergröße steht, möglich.

Gesicht mit spitzem oder fliehendem Kinn
Haare können gut halblang, auf jeden Fall noch über die Kinnpartie getragen werden, damit die Haarfülle die schmale Stelle kaschiert.

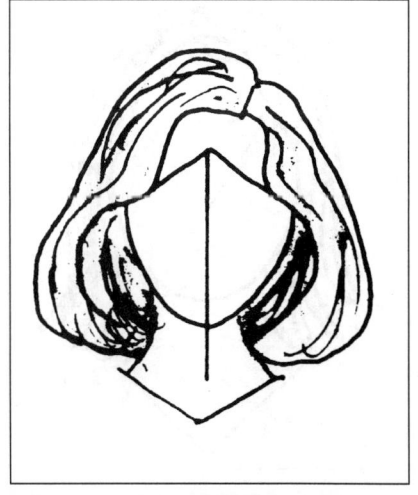

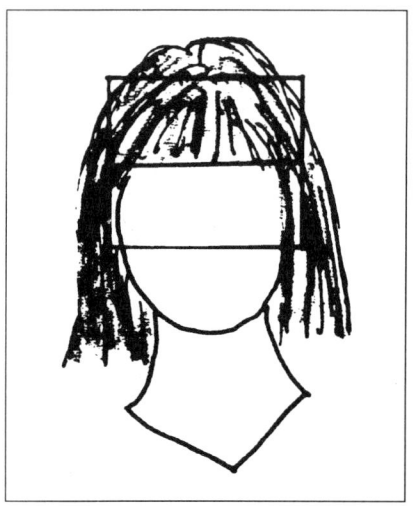

Hohe Stirn
Tragen Sie einen Pony, das schafft eine waagerechte Linie, so daß Ihr Gesicht kürzer erscheint. Die Seiten können Sie mittellang tragen.

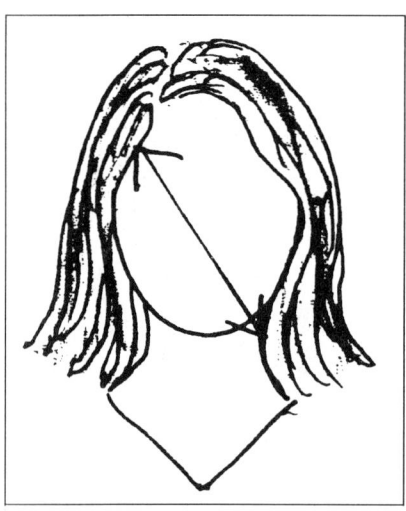

Das runde Gesicht
Wählen Sie einen Seitenscheitel, der schräg verläuft, und lassen Sie die Haare leicht ins Gesicht fallen. Dadurch wirkt ihr Gesicht oval.

*Starkes Kinn und Kiefer-
knochen*
Tragen Sie Ihr Haar kurz,
Sie können die starke Par-
tie oder Kinnlinie ausglei-
chen, indem Sie Ihrem
Haar Fülle auf dem Kopf
und besonders an den Sei-
ten verleihen.

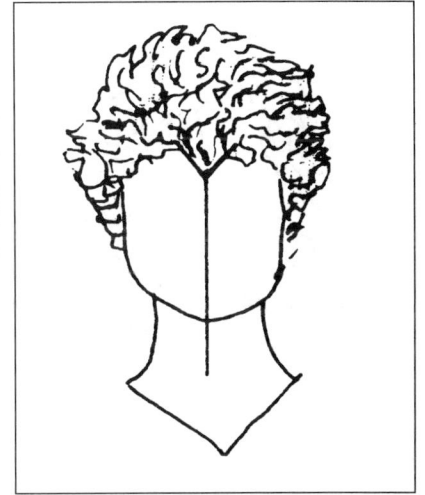

Niedrige Stirn
Auf keinen Fall sollten Sie
einen Pony tragen. Am be-
sten wäre ein kurzer, hoch-
gefönter Haaransatz. Käm-
men Sie Ihr Haar aus dem
Gesicht und sorgen Sie für
weiches Volumen auf dem
Kopf. Wenn Sie Strähn-
chen entlang der Haarli-
nie einziehen, setzen Sie
damit noch deutlichere
Akzente nach oben.

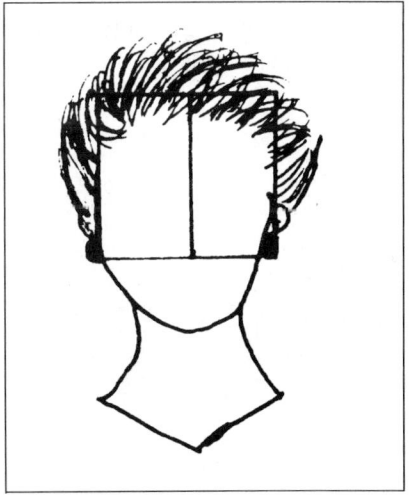

Dünnes, langes Gesicht
Dünne, lange Gesichter brauchen Volumen an den Seiten, damit das Gesicht Breite bekommt. Sie können diesen Effekt noch mit einem Strähnchenansatz nur an den Seiten verdoppeln.

Birnenförmiges Gesicht
Mit einem Stufenschnitt oder weichen Locken können Sie an der Stirn Volumen vortäuschen und schaffen damit einen Ausgleich zwischen schmaler Stirn und vollen Wangen.

Frisuren eignen sich gut zu optischer Täuschung. Sehen Sie sich diese beiden Linien an: Linie B scheint länger zu sein, da sie das Auge nach oben lenkt. Linie A dagegen lenkt die Augen scheinbar nach unten. Beide Linien sind aber gleich lang!

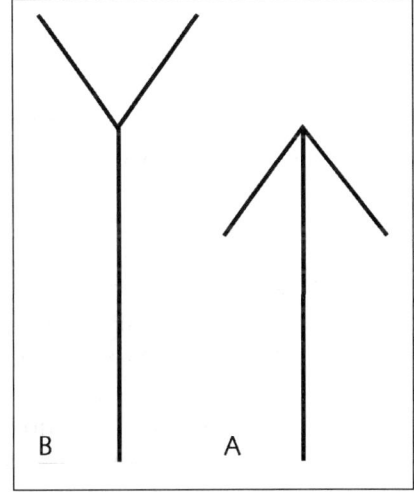

Viereck A scheint breiter zu sein, dadurch wirkt es kürzer als Viereck B. Das kommt daher, daß die horizontale Linie von A das Auge von Seite zu Seite leitet, und B lenkt es auf und ab*.

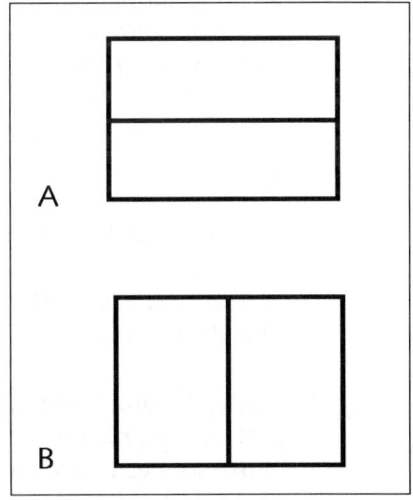

---

* Zeichnungen und Grafiken: Make-up-Künstlerin Tina Owens

Haarpflege

1. Ihr Haarshampoo muß einen neutralen pH-Wert 5,5 haben, der den Säureschutzmantel der Kopfhaut nicht angreift.
2. Haare zuerst anfeuchten, das Shampoo immer erst mit warmem Wasser verdünnen. (Am besten eine leere Shampooflasche aufbewahren und das Haarwaschmittel für die jeweilige Haarwäsche zu gleichen Teilen mit Wasser mischen.
3. Tragen Sie Ihr Haarshampoo immer im Nacken auf. Von dort aus fangen Sie mit Ihrer Haarwäsche an. In diesem Bereich befindet sich das meiste fettige und verschmutzte Haar. Das Haar ist im Nacken immer am dichtesten. Die Haarkur hingegen tragen Sie immer zuerst aufs Deckhaar auf, da dieses Haar am meisten strapaziert wird. Während des Waschens die Kopfhaut gut durchmassieren (nicht jedoch bei fettigem Haar!).
4. Haare sehr gründlich ausspülen (mindestens bis 120 zählen). Zum Schluß einmal kalt abspülen, damit die Poren sich wieder schließen.

Tip:

Als letzte Spülung Kamillenlotion oder stark verdünnten Apfelessig (einen Eßlöffel auf zwei Liter Wasser) auftragen. Diese Spülungen verleihen Ihrem Haar Glanz.

5. Haare, die durch Dauerwelle und Färben stark strapaziert sind, nach dem Waschen nicht trockenrubbeln, sondern trockendrücken, damit sie nicht überdehnt werden und brechen.
6. Die Haare nicht im ganz nassen Zustand auskäm-

men, sondern erst ein wenig antrocknen lassen. Günstig ist es, ein paar Tropfen Haarserum in den Handflächen zu verreiben und damit die Haare leicht ankneten. Dann erst mit dem Kamm die Haare von unten nach oben vorsichtig entwirren.

7. Am besten für Ihr Haar ist immer noch der handgesägte Hornkamm und die Naturhaarbürste.

8. So oft wie möglich die Haare an der Luft trocknen lassen. Beim Fönen einen Mindestabstand von fünfzehn bis zwanzig Zentimeter halten.

9. Alle zwei bis drei Monate die Haare mit einem guten Schnitt etwas zurückschneiden. Das gilt nur für lange Haare, eine Kurzhaarfrisur muß alle sechs Wochen nachgeschnitten werden.

10. Bei glanzlosem Haar eignet sich Maisöl zur Haarwäsche. Das Öl anwärmen und einmal einmassieren. Ein Handtuch in heißes Wasser tauchen, gründlich auswringen und dann um den Kopf wickeln. Diesen Vorgang vier- bis fünfmal wiederholen, danach das Haar wie gewohnt einshampoonieren und waschen.

Haarkur für strapaziertes Haar

Dauerwelle und Färben ist nach wie vor schädigend für das Haar, wenn auch nicht mehr so wie vor Jahren. Trotzdem sollten Sie nach dieser Prozedur Ihren Haaren eine besonders intensive Pflege gönnen. Die Zutaten sind in Apotheken, Reformhäusern und Drogerien erhältlich.

1 Eigelb
2 EL Rizinusöl
1 TL Apfelessig
1 TL Glyzerin
1 EL Pflegepackung mit Proteinen

Alle Zutaten gut vermischen. Massieren Sie die Packung gut in Ihr Haar, aber nicht in die Kopfhaut. Anschließend die Masse von der Kopfhaut weg in die Haarspitzen kämmen. Am besten die Packung auf das trockene Haar geben und zwanzig Minuten einwirken lassen. Vor dem Ausspülen die Haare mit einer Pflegespülung aufemulgieren.

Tip:

Ein bis zwei Tropfen von Ihrem Parfüm in die Packung geben. Damit wird der manchmal vorhandene Eigeruch neutralisiert, und Ihr Haar duftet.

Haarkur bei brüchigen Haarspitzen

Die Kombination von Eigelb und Öl kittet Ihr aufgerauhtes Haar und macht es mit der Zeit widerstandsfähiger. 1 Eigelb (bei langem Haar 2 Eigelb) mit 1 EL reines Pflanzenöl (Weizenkeimöl oder Olivenöl) vermischen und in das trockene Haar einkämmen. Dreißig Minuten einwirken lassen.
Eine andere Möglichkeit trockene Haarspitzen zu pflegen, besteht darin, Klettenwurzelöl in die Haarspitzen zu massieren und über Nacht einziehen lassen.
Alle zwei bis drei Monate die Haarspitzen schneiden lassen.

Achten Sie darauf, daß Sie Ihr Haar nicht überpflegen. Das gibt es nämlich auch, wenn Sie zu häufig Haarkuren anwenden. Wenn Sie über viele Monate ein und dasselbe Shampoo benutzen, mit einem hohen Anteil an Weichspüler, verliert Ihr Haar nach und nach die Fasson und ist schon einen Tag nach der Haarwäsche nicht mehr gut frisierbar.
Im Urlaub, wenn Sie entspannen und sich in einer Um-

gebung mit sauberer Luft aufhalten (Autoabgase greifen auch das Haar an, und es muß schon deshalb häufig gewaschen werden), gönnen Sie Ihrem Haar eine Waschpause, damit die Talgdrüsenproduktion zur Ruhe kommt. Durch das ständige Waschen und Fönen wird die Talgdrüsenproduktion angeregt und Ihr Haar wird immer schneller fettig.

Wie findet man den richtigen Friseur?

Wenn Sie den Friseur wechseln wollen und sich schon einen neuen ausgesucht haben, melden Sie sich das erste Mal für Waschen und Fönen an.

Dann haben Sie Gelegenheit, sich die Angestellten und deren Frisuren anzuschauen. Das gibt Ihnen dann schon einen Hinweis. Bevorzugen Sie zum Beispiel eher klassische Schnitte und die Angestellten laufen zum größten Teil mit gefärbtem und dauergewelltem Stufenschnitt herum, ist es sehr wahrscheinlich, daß Sie nicht zufrieden sein werden oder nach einem Jahr auch mit einer Dauerwelle herumlaufen.

Schauen Sie sich das Schaufenster vom Friseursalon genau an, dann können Sie schon Schlüsse auf den Geschmack und die Arbeitsweise des Friseurs ziehen.

Make-up

Was heute in der dekorativen Kosmetik alles möglich ist, das wissen die meisten Frauen, nur sind sie sich oft nicht im Klaren, wie sie die Produkte und Methoden im eigenen Gesicht anwenden können. Zwei Extreme sind mir häufig aufgefallen: Viele Frauen schminken sich überhaupt nicht, oder aber das Make-up wurde viel zu stark aufgetragen. Schon die falsche Farbwahl eines Make-ups verhindert von vornherein ein natürliches Aussehen.

Wenn Sie Ihr Make-up in einem wesentlich dunkleren Ton kaufen, als es Ihrem Hautton entspricht, erscheint die Haut großporig und faltig. Tragen Sie ein zu helles Make-up, wirkt das Gesicht maskenhaft.

Ausschlaggebend für die Wahl Ihrer Make-up-Farbe muß der eigene Hautton sein.

Wenn Sie sich Ihr nächstes Make-up kaufen, lassen Sie sich drei bis fünf Make-up Töne heraussuchen, von denen Sie annehmen, daß sie Ihrem Hautton am nächsten kommen. Tragen Sie die ausgesuchten Töne kleinfingerbreit hintereinander auf Ihren Hals auf, und warten Sie ein bis zwei Minuten, bis die Ränder angetrocknet sind. Jetzt können Sie sehr gut erkennen, welcher Make-up Ton sich ihrer Hautfarbe am besten angleicht.

Wenn Ihnen dieses Vorgehen zu aufwendig erscheint,

lassen Sie sich ein paar Proben mit nach Hause geben, und testen Sie dort in aller Ruhe das für Sie in Frage kommende Make-up.

Die Befürchtung, daß Sie mit diesem Make-up zu blaß oder gar bleich aussehen, verschwindet schnell, wenn Sie erleben, wie Sie mit etwas dunklerem Puder Licht- und Schatteneffekte in Ihr Gesicht bringen. Durch das abschließende Rouge wird Ihr Gesicht lebendig und attraktiv.

Aufbau des Make-ups

Das hier vorgeschlagene Make-up soll Ihr Gesicht positiv zur Geltung bringen, ohne daß es angemalt aussieht: Bei stark irritierter Haut empfiehlt es sich, nach dem Auftragen der Feuchtigkeitscreme Rötungen oder Augenringe mit einem hellen Abdeckstift abzudecken. Gerötete Hautpartien oder Äderchen sind meistens leicht violett und lassen sich mit einem Abdeckstift, der gelb gemischt ist, überdecken. Es gibt sie von verschiedenen Kosmetikfirmen. Grün neutralisiert Rot, Gelb neutralisiert Violett. Erst dann tragen Sie Ihr Make-up auf. Das Make-up gleichmäßig verteilen und mindestens zwei bis fünf Zentimeter unter dem Kieferknochen ausstreichen, damit kein Übergang zum Hals sichtbar wird. Ein Make-up-Schwämmchen eignet sich besonders gut für die gleichmäßige Verteilung. Erdpuder auf allen vorstehenden Gesichtsteilen (Haaransatz, Nasenrücken, Wangen, Kinnspitze) *sehr sparsam* mit einem weichen, dicken Pinsel auftragen. Dadurch entstehen Licht- und Schatteneffekte, die Ihr Gesicht wirken lassen. Sichtbare Übergänge verstreichen! Zum Schluß transparenten

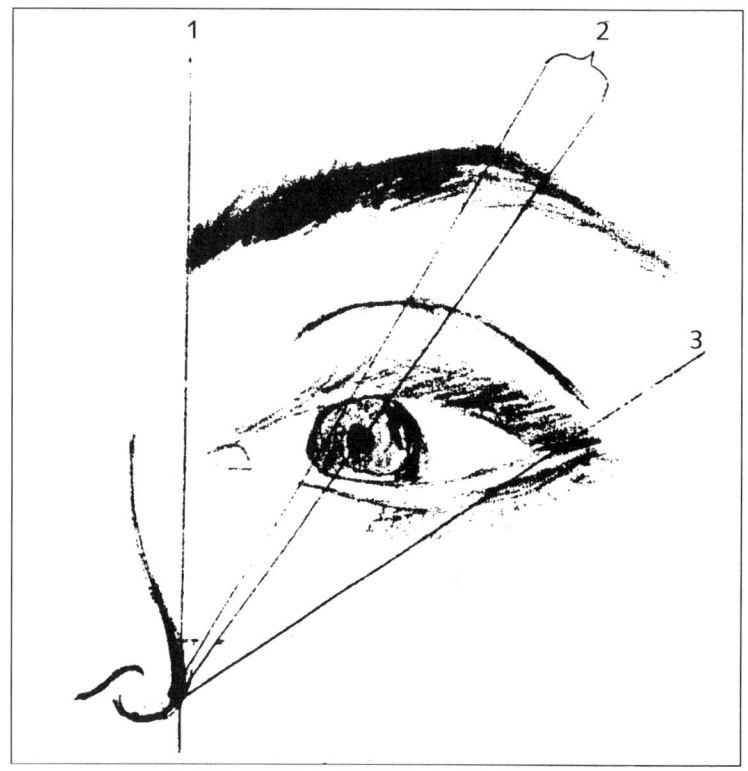

Fixierpuder mit einem weichen Pinsel über das Make-up geben. *Erst dadurch stabilisieren Sie Ihr Make-up!*

Vor dem *Auftragen des Lidschattens* müssen auch die Augenlider abgepudert werden, sonst sammelt sich der Lidschatten nach kurzer Zeit in den Lidfalten. Benutzen Sie mehrere Lidschattenfarben. Mit einer Farbe allein wirkt das Auge immer hart.

Damit die Augen natürlicher wirken, verwenden Sie am besten matte Naturtöne und Apricot — keine bunten und keine Perlmuttlidschatten. Ist das Gewebe über Ihrem Auge deutlich faltig und schwach, ist es besser, wenn Sie matte Lidschatten, also Farben ohne Glanzeffekt, verwenden, damit der faltige Eindruck nicht verstärkt wird.

Die Form der Augenbrauen können sie gut mit einem langen Bleistift kontrollieren und eventuell durch Zupfen korrigieren.

Legen Sie den Bleistift senkrecht an Ihrem äußeren Nasenflügel an. Nasenflügel und Augenbrauenanfang sollten eine Linie bilden. Härchen, die darüber hinaus zur Nasenwurzel hin wachsen, können weggezupft werden. Sie bekommen dadurch einen »offenen Blick«. Lassen Sie den Bleistift am Nasenflügel, und verändern Sie nur den Winkel, so daß der Stift vom Nasenflügel über die Pupille eine Linie bildet. Dort fängt der Augenbrauenbogen an. Vergrößern Sie den Winkel, so daß eine Linie vom Nasenflügel zum Abschluß der Lidfalte entsteht. Dort endet die Augenbraue.

Die Form der Augenbrauen ist meistens von der Natur gut gezeichnet. Wenn Sie den Schwung der Augenbrauen durch Zupfen verlegen, stimmen die Proportionen mit Ihrem Gesicht oft nicht mehr überein, und Sie müssen immer gegen störende Härchen ankämpfen.

Schon manche Frau hat es bereut, das natürliche Wachstum durch jahrelanges Zupfen der Haarwurzeln gestört zu haben. *Augenbrauen* dürften kräftig, aber nie künstlich wirken! Anstatt eines Augenbrauenstiftes verwenden Sie besser einen matten Lidschatten, entweder in einem Schieferton oder in der Farbe Ihrer Augenbrauen. Zum Auftragen eignet sich ein dünner, fester Pinsel.

Wenn Sie einen *Lidstrich* bevorzugen, tragen Sie dunklen bis schwarzen *Kajal-Stift* am Wimpernrand auf. Bei kleinen Augen ist es günstiger, wenn Sie den Lidstrich nicht ganz durchziehen, sondern oberhalb der Pupillen

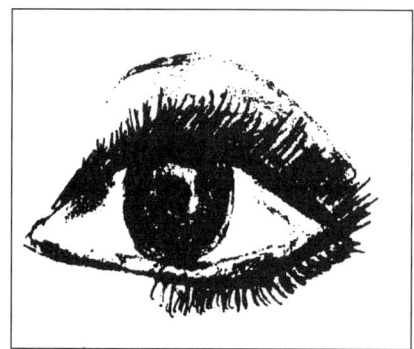

enden lassen. Dadurch erscheint das Auge offener, und die Wimpern wirken sehr dicht. Am Unterlid können Sie diese Linie von außen bis zur Pupille entlangziehen, aber nicht bis zum inneren Augenwinkel! Das Auge wirkt noch größer, wenn Sie innen einen hellen Kajal-Stift (nicht schneeweiß, sondern ein Weiß wie Ihr Augapfel verwenden).

Die Wimpern tuschen.

Mit einem Lippenkonturenstift die Lippen nachzeichnen. Wenn die Lippen durch den Konturenstift zu hart erscheinen, mit einem Wattestäbchen weich nachziehen.

Mit einem Lippenpinsel Lipgloss oder Lippenstift auftragen. Ein hellbeiger Lippenkonturenstift und helle Farben lassen den Mund größer erscheinen, dunklere Töne verschmälern den Mund. Der Lippenstift hält länger, wenn Sie vorher eine Lippenstift-Fixiercreme auftragen und nach dem Schminken die Lippen abpudern.

Tip:

Bei Zähnen mit leichtem Gelbstich sind alle blaustichigen Lippenstiftfarben ungünstig. Sie wählen besser einen Lippenstift in Korallenrottönen, der keinen zu dunklen Unterton hat. Rouge mit einem Pinsel auftragen. Mit einem Make-up-Schwämmchen die Konturen weich verteilen. Zum Abschluß tuschen Sie noch einmal die Wimpern.

Wenn Sie fertig geschminkt sind, können Sie zur Kontrolle am Fenster, wo Ihnen das Tageslicht ins Gesicht fällt, durch einen Blick in Ihren Handspiegel Ihr Make-up prüfen, dann sehen Sie Ihr Gesicht so, wie es die anderen auch sehen.

Parfum

Welcher Parfum-Typ sind Sie?

1. Die Seifen-Verwenderin: Für sie spielt Parfum keine besondere Rolle. Sie erfreut sich lieber am Duft von gutem Essen oder Wein. Für ihren persönlichen Duft verwendet sie ausschließlich Seife.

2. Die Duftgeschenk-Verwenderin: Sie verwendet Parfums nicht aus eigenem Bedürfnis, sondern weil sich dies zum Beispiel der Partner wünscht. Sie bekommt meistens Parfum oder entsprechende Produkte geschenkt. Parfum gibt ihr subjektiv das Gefühl, den Nasen der Umgebung nicht unangenehm aufzufallen. Sie parfumiert sich zu bestimmten Anlässen, weil es andere auch tun oder es so üblich ist.

3. Die Marken-Verwenderin: Der gehobene Lebensstandard wird durch bekannte Parfummarken zusätzlich unterstrichen. Parfums zu tragen heißt für diese Frauen, sich mehr Luxus leisten zu können als andere. Wichtig ist für sie weiter, daß Parfums auf das andere Geschlecht anziehend wirken und Interesse an ihrer Person wecken.

4. Die Parfumästhetin: Sie sucht sich ihr Parfum nach ihrer Persönlichkeit und Ausstrahlung aus, wobei ihre momentane Stimmung und Einstellung zu sich

und ihr nahestehende Personen bei der Auswahlent-
scheidung wichtig sind.

Ob jemand sich eher introvertiert oder extrovertiert erlebt, trägt auch zu seiner Parfumauswahl bei.

Eine kleine Auswahl für die verschiedenen Stimmungstendenzen

Stimmungstendenz Introvertiert

Duftbedürfnis	Orientalische Noten	
Orientalisch-süß	Vol de nuit (Nachtflug)	Guerlain
	J'ai Ose (Ich habe es gewagt ...)	Laroche
	Obsession (Besessenheit)	Calvin Klein
Orientalisch-würzig	Carnet de bal (Tanzkarte)	Revillon
	Youthdew (Jugendtraum)	Lauder
	Opium	St. Laurent
	KL	Lagerfeld
	Coco	Chanel

Stimmungstendenz Extrovertiert

Duftbedürfnis	_grüne, fruchtige, frische, blumige Noten_	
grün	Vert Vert (grün grün)	Balmain
fruchtig	Impress (beeindrucken)	Kanebo
frisch	Christalle	Chanel
blumig	Sourire (lächeln)	Shiseido

Stimmungstendenz Emotional Wechselseitig

Duftbedürfnis	_aldehydig pudrige süße Noten_	
aldehydig	Chanel No 5	Chanel
pudrig süß	Farouche (wild, ungezähmt)	Nina Ricci
	Clandestine (die Geheime, heimlich)	Guy Laroche

Stimmungstendenz Emotional Stabil

Duftbedürfnis: Chypre Noten*

Diese Parfumverwenderinnen sehen sich als harmonisch-ausgeglichene Personen. In ihrem Denken sind sie realistisch und vertrauen weniger auf ihr Glück, dafür mehr auf ihr eigenes Handeln. An den Menschen ih-

---

* Informationen aus dem H-und-R-Buch »Parfüm«, Glöss-Verlag, Hamburg

rer Umgebung haben diese Parfumverwenderinnen ein starkes Interesse, der Schwerpunkt liegt dabei im privaten Bereich. Auf ihre Umwelt strahlen sie menschliche Wärme und Stärke aus, helfen anderen gern tatkräftig und sind nicht selten sozial engagiert.

In ihrem angestrebten Lebensstil legen diese Frauen keinen Wert darauf, die Mode in all ihren Spielarten mitzumachen. Sie lieben ein gepflegtes Äußeres; ihre Kleidung muß dabei für den jeweiligen Anlaß passend sein. In allen Dingen, vor allem bei der Kleidung, zeigen sie ein ausgeprägtes Qualitätsbewußtsein. Insgesamt zählt sich der größte Teil dieser Parfumverwenderinnen nicht mehr zu den ganz jungen Frauen.

Chypre	Femme (Frau)	Rochas
	Cuir de Russie (Russisch-Leder)	Chanel
	Miss Dior	Dior
	Mystère (Geheimnis)	Rochas
	Woman Two	Jil Sander

Handelsübliche Parfumkonzentrationen in einem Alkohol-Wasser-Gemisch sind folgende:

Extrait oder Parfum (Extrakt = Auszug)	15–50 %
Parfum de Toilette oder Eau de Parfum	8–15 %
Eau de Toilette	4–8 %
Eau de Cologne	3–5 %
Splash Cologne	1–3 %

Umgang mit Parfum

o Die individuelle Entfaltung eines Parfums entwickelt sich durch Hauttemperatur und den persönlichen Körpergeruch.

o Wo trägt man ein Parfum am besten auf? Das ist vor allem eine Frage der Konzentration des Duftwassers. Der berühmte Tropfen hinter dem Ohr ist besonders für das Extrait gemeint. Parfum entfaltet sich am besten da, wo die Haut gut durchblutet ist, also hinter dem Ohr, auf dem Puls, in den Kniekehlen, im Ellenbogen. Auch frisch gewaschenes Haar ist ein sehr guter Duftträger.

o Warum sollten mehrere Düfte nicht gleichzeitig benutzt werden? Jedes Parfum ist ein in sich harmonisches Ganzes. Durch gleichzeitiges Benutzen verschiedener Düfte entstehen Disharmonien, die den Charakter des einzelnen Duftes zerstören und sogar einen unangenehmen Gesamteindruck hervorrufen können.

o Woran liegt es, daß man sein eigenes Parfum nach einer Weile nicht mehr wahrnimmt? Die Nase ist ein schnell ermüdendes Sinnesorgan. Durch ständiges Riechen des gleichen Duftes wird dieser nach kurzer Zeit nicht mehr wahrgenommen, obwohl er für andere Personen durchaus sehr kräftig sein kann. Passen Sie auf, daß Ihr Parfum seine dezente Signalwirkung beibehält und nicht schon (ohne Ihr Wissen) zu einem Duftkeulenschlag zum Leidwesen Ihrer Mitmenschen geworden ist.

o Wirkt ein synthetisches Parfum in seiner Duftentwicklung anders? Nein! Der Unterschied von Duftentwicklung und Haltbarkeit liegt einzig und allein an den unterschiedlichen Mischungen. Synthetische Parfums sind in ihrem »Anruch« und in ihrer Duftdauer den rein natürlichen Düften gleich. In den meisten Parfums wird die Duftessenz synthetisch hergestellt, da die natürlichen Grundstoffe immer seltener werden und auch zu teuer sind.

o Ist es möglich, daß sich mein Parfum ohne mein Zutun aus dem Flakon verflüchtigt? Ja! Der Verschluß Ihrer Parfumflasche gewährleistet nicht immer die Haltbarkeit Ihres Parfums. Darum ist es ratsam, wenn Sie seltener Parfum verwenden, kleinere Parfumflaschen zu kaufen und diese vor Licht und Wärme zu schützen.

o Hinterläßt Parfum auf der Kleidung Flecken? In den meisten Fällen ja!

o Vorsicht im Umgang mit Parfum im Sommer. Tragen Sie es nur dort auf, wo Ihre Haut keiner Sonnenbestrahlung ausgesetzt ist. Sonst kann es zu Pigmentstörungen kommen, die sich in bräunlichen Flecken zeigen.

o Löst Parfum allergische Reaktionen bei Ihnen aus, so brauchen Sie nicht prinzipiell auf Parfum zu verzichten. Sagen Sie der Parfumverkäuferin, auf welches Parfum Sie allergisch reagieren, damit sie Ihnen eine komplett andere Parfumzusammensetzung anbieten kann.

Schmuck

Zuviel Schmuck wirkt schnell überladen!
Tragen Sie Omas Erbbrosche nicht mit der Swatchuhr zusammen, sondern stimmen Sie die einzelnen
Schmuckstücke aufeinander ab. Hat Ihre Armbanduhr
zum Beispiel ein sportliches Design, passen zierliche,
verspielte Ringe nicht dazu.

o Setzen Sie nicht zu viele und starke Akzente, mehr als
  fünf Schmuckteile wirken überladen und irritieren.

o Bei auffallenden Ohrringen ist eine zusätzliche Kette
  zuviel.

o Ohrringe, die sehr hängend sind und bei jeder Kopf-
  bewegung baumeln oder sogar klimpern, wirken in
  einem Gespräch nicht gerade konzentrationsför-
  dernd auf Ihr Gegenüber. Solcher Ohrschmuck eignet
  sich eher für die Abendgarderobe.

o Zum klassisch-sportlichen Stil trägt man am besten
  Schmuck mit klarem Design — lässig-elegant, jung-
  sportlich.

o Der Wappenring zeigt mit der Spitze zum Herzen; das
  hat nicht nur eine symbolische Bedeutung. Der
  Grund war die praktische Handhabung, einen Brief
  zu versiegeln.

o Echte Perlen verlieren ihren Glanz durch Haarspray

und Parfum (Vorsicht bei Ohrsteckern!) Auch Chlorwasser schadet den Perlen.

o Für Abergläubische: Hufeisenanstecker werden mit der Öffnung nach oben getragen, »damit das Glück nicht herausfällt«. Perlenketten sollten nicht zur eigenen Hochzeit getragen werden, sonst gibt es unnötige Tränen.

Brillen

Wenn Ihre Gemütsverfassung zwischen Tarzan und Woody Allen schwankt, dann gibt es eine gute Möglichkeit, das auch äußerlich eindeutig zu demonstrieren: Sie wechseln einfach das Brillengestell. Schon zwischen Horn- und Nickelbrille liegen Welten. Von der »Vampbrille« über die sportlich dynamische bis hin zum Kassengestell ist einfach alles möglich. Eine Brille eignet sich hervorragend dazu, ganz schnell eine veränderte Wirkung auf andere zu erzielen.

Nur bei der Auswahl »Ihres ständigen Begleiters« wird es dann schon schwieriger.

98 % machen's falsch!

»Denn sie sehen nur die Brille, sich selber sehen sie nicht.«

Hier einige Tips, damit eine lang andauernde Freundschaft zwischen Ihnen und der neuerworbenen Brille entsteht:

o Bevor Sie eine Brille kaufen, schauen Sie in den Spiegel und betrachten Sie die untere Gesichtshälfte, also vom linken Ohrläppchen über das Kinn zum rechten Ohrläppchen. So können Sie am besten erkennen, ob Ihr Gesicht rund, kantig, schmal oder oval ist.

o Die Stärke des Brillengestells sollte in etwa Ihrem Körperbau entsprechen. Eine zierliche Person, die ein zu grobes und großes Brillengestell trägt, wirkt dadurch eher komisch als souverän. Umgekehrt erscheint eine kräftige Person mit einer zierlichen, kleinen Nickelbrille nur noch massiver.

o Der obere Rand Ihres Brillengestells sollte mit den Augenbrauen abschließen.

Bei den meisten Menschen reicht die ideale Brillenbreite bis zu den Schläfen. Ausgenommen ist das runde Gesicht. Es benötigt eine Brille mit etwas markanterem Schnitt, und die Brillenbreite sollte noch vor den Schläfen enden.

o Wenn möglich, verzichten Sie auf jede Tönung der Gläser, damit Ihr Auge klar zu erkennen ist. Außerdem lassen Braun- und Gelbtönungen Ihr Gesicht schnell müde und abgespannt erscheinen. Achten Sie darauf, daß die Brille nicht zuviel von Ihrer Wangenpartie bedeckt; manche Menschen bekommen dadurch einen traurigen Gesichtsausdruck.

o Eine lange Nase können Sie mit einem tiefer sitzenden Steg optisch etwas verkürzen. Eine kurze Nase wirkt länger, wenn der Steg transparent ist und hoch sitzt. Haben Sie eng zusammenstehende Augen, achten Sie auch bei einem farbigen Brillengestell darauf, daß der Steg transparent ist. Bei weit auseinanderstehenden Augen ist es günstig, wenn der Steg dunkel ist.

Berücksichtigen Sie beim Kauf Ihrer Brille Ihren bevorzugten Kleidungsstil. Bei der Farbauswahl Ihres Brillengestells orientieren Sie sich an Ihrer Haarfarbe.

Folgende Punkte sollten während der Beratung beim Kauf Ihrer Brille in Betracht gezogen werden:

- ○ Brillenform
- ○ Brillengläsergröße
- ○ Brillengestellstärke
- ○ Farbintensität des Brillengestells
- ○ Brillengläser: getönt oder ungetönt
- ○ Optimalster Sitz des Brillenstegs
- ○ Brillenimage: sportlich, avantgardistisch, klassisch, romantisch, intellektuell, sehr ausgefallen

Fragen Sie im Optikergeschäft nach einer Videomöglichkeit. »Von außen« können Sie sich am unbefangensten beurteilen.

Ein Buch-Tip: *Die Brille*, Vera F. Birkenbihl und Carlo Küster, mvg Verlag.

Einstecktuch

Ein Einstecktuch im gleichen Dessin wie Bluse oder Krawatte ist genauso unpassend wie ein Herzchenarmband mit Herzchenclips und Herzchenkette, die man gleichzeitig trägt. Man sollte sich nicht zum Opfer der »Set-Manie« machen.

Wenn Sie unbedingt ein Monogramm haben möchten, dann sollte es diskret Ton in Ton eingestickt sein. Es darf nie zu sehen sein!

Auf keinen Fall wird ein Einstecktuch mit dem Bügeleisen gefaltet.

»Winken« Sie bitte auch nicht mit dem Etikett »100 % Silk«. Ein gutes Einstecktuch ist handrolliert, und niemals ist der Saum mit der Nähmaschine abgekettelt.

Lassen Sie es bitte auch nicht zu weit aus Ihrer Brusttasche flattern, daß jeder fürchten muß, es könnte Ihnen gleich aus der Tasche fallen.

Damit Sie das gute Stück nicht verlieren, empfiehlt es sich, es von innen mit einer kleinen Sicherheitsnadel zu befestigen, unsichtbar natürlich!

Krawatten

Durch das Tragen einer Krawatte können Sie Ihr ganzes Erscheinungsbild aufmuntern.
Hier ein paar grundsätzliche Dinge, die Sie beachten sollten:

o Nur einmal Streifen. Entweder auf der Krawatte, dem Hemd oder dem Anzug.

o Die klassischen Krawattenmuster sind: Punkte, Paisleys, Rauten, heraldische Motive und Streifen. Apropos Streifen, der »richtige« diagonale Streifen geht von der linken Schulter zur rechten Taille. Vorbild dafür ist die englische Schul-, Universitäts- und Clubkrawatte.

o Korrekte Krawattenlänge: bis zur Gürtelschnalle.

o Als Kontrast wählen Sie ruhig kräftige, aber keine schreienden Farben. Krawatten sollten möglichst in der Grundfarbe nicht heller als die Anzugfarbe sein.

o Der Grundstoff für die Krawatte ist und bleibt die reine Seide.

o Wollkrawatten empfehlen sich nur zu sportlichen, gröberen Stoffen (Tweed, Cord etc.) und zu Pullovern mit V-Ausschnitt.

o Florale Designs gehören *nicht* in den beruflichen Bereich.

Schuhe

Z eig mir deine Schuhe, und ich sage dir, wer du bist.«
Eine schamlose Übertreibung? Was stimmt: Schuhe
sind die stilistische Visitenkarte par excellence. Grundausstattung: drei bis sieben Paar.

Oberstes Gebot: Schuhe müssen immer gepflegt sein
(keine schiefen Absätze, niemals ungeputzt). Schuhe,
Socken oder Strümpfe im Farbton Ihrer Hose oder dunkler. Socken immer knielang. Das nackte Bein darf nicht
sichtbar sein, wenn die Beine übereinandergeschlagen
sind.

Ihr Lieblingspaar braucht alle zwei Tage einen Tag Ver-
schnaufspause, möglichst mit Spanner aus Holz (Buche,
Pappel oder Zeder). Holz atmet und hält den Schuh in
Form.

Checkliste:
Welchen Schuh zu welcher Kleidung?

Männer

○ Der klassische »Brogue«: Als schwarzer Schnürschuh paßt er zu allen dunklen Kombinationen und halboffiziellen sowie geschäftlichen Anlässen.

○ Der Schnürschuh: Glatt und in Braun ist er für den Geschäftsbereich gerade richtig. Der Schnürschuh in Bordeaux paßt zu allen dickeren Stoffen.

○ Der Bluncher: Bei ihm handelt es sich um einen soliden Schuh mit Derby-Schnürung. Fauxpas: Bluncher mit Seidensocken.

○ Der Oxford: Mit abgesteppter Kappe und runden Senkeln ist er der feinste und vielseitigste Schuh für die Karriereleiter. Begleitung: blauer Dreiteiler — also das elegantere Ende des Anzugspektrums. Fauxpas: breite Schnürbänder.

○ Der Monk-Schuh: Er gehört zu den Klassikern und kann, je nach Leder- und Sohlenmaterial, vom Lodenmantel bis zum Busineßanzug (dann aus einem schwarzen Boxcalf) ein passender Begleiter sein.

○ Der Tassel-Loafer: Grenzgänger zwischen formell und lässig, entspricht dem blauen Blazer. Überall dort, wo der Blazer zu leger wäre, ist es der Tassel-Loafer auch. Fauxpas: weiße Socken. Derbes Leder und dunkle Strümpfe müssen diesen Schuh davor bewahren, ins Feminine abzurutschen.

○ Der Schuh für festliche Gelegenheiten ist schwarz wie die Nacht und hat einen klassischen Schnitt. Beim Abendschnürschuh muß jede vergröbernde Akzentuierung vermieden werden.

Quelle: »Männer Vogue«, Okt.–Dez. 92

Frauen

o Zum klassischen Schuhwerk zählen unifarbene Pumps ohne jeden Schnickschnack mit halbhohem Absatz in den Farben Dunkelblau, Dunkelgrau, Dunkelbraun, Naturbraun und Dunkelbordeaux.

o Als sehr eleganten Schuh für festliche Gelegenheiten einen *relativ* hochhackigen schwarzen Pumps.

o Zum sportlichen Outfit und zu Hosen: Schnürschuh aus Leder (interessant auch als Stoff- und Lederkombination sowohl einfarbig als auch zweifarbig), Collegeschuh, Monk-Schuh, Oxfordschuh mit abgesteppter Kappe.

o Verzichten Sie beruflich auf verspielte Schuhe, wie z. B. auf Schleifen an den Fersen, Stickereien, Gold- und Silberplättchen usw.

Wenn Sie aber auf modische Verzierungen nicht verzichten wollen, dann sollten Sie vor dem Kauf unbedingt einen kritischen Blick auf die Verarbeitung werfen.

Wichtig: das Qualitätsmerkmal. Tragen Sie ausschließlich echtes Leder, damit Ihr Fuß atmen kann. (Zwei Ausnahmen sind gestattet: Stoffschuhe im Sommer und Gummistiefel im Regen.) Die Schuhsohle entscheidet mit darüber, ob Sie im Winter kalte Füße haben oder im Sommer in Ihren Schuhen schwitzen. Daher: keine Gummisohlen! Vergewissern Sie sich stets, daß der Schuh nicht mit Kunstleder gefüttert ist. Im Zweifelsfall erkundigen Sie sich beim Verkaufspersonal. Erfahrene VerkäuferInnen finden Sie am ehesten in renommierten Fachgeschäften.

o Kaufen Sie Schuhe, wenn Sie sie finden und nicht, wenn Sie sie brauchen. Da sehr viele Faktoren Ihren

Schuh ausmachen, wird die gezielte Suche meist mit Frust enden. Die Zufallsbegegnung mit dem halbhohen Absatz, der auch noch genau in Ihrer Größe vorrätig ist, wird hingegen meist der Beginn einer langen Freundschaft.

Kaufen Sie sich von Ihrem Lieblingsmodell gleich zwei Paar (eventuell in verschiedenen Farbtönen). Dieser Luxus spart Zeit und viel Frust bei der Suche nach einem ähnlichen oder gar gleichen Modell.

○ Der klassische Pumps hat einen lederüberzogenen Absatz.

Aber wenn Sie beruflich viel unterwegs sind, ärgern Sie sich spätestens nach drei Tagen über die ersten Macken am Absatz. Dieser Anblick ist genausowenig schön wie schiefe Absätze.

»Fallen« wie Autopedale, Fußabtreter, Kopfsteinpflaster und Straßenbahnschienen eignen sich bestens für dieses Mißgeschick. In solchen Fällen ist ein Pumps mit halbhohem Absatz aus gepreßten Lederplatten geeigneter. Für den »großen Auftritt« (Einladung von der Chefin oder vom Chef, Betriebsjubiläum und sonstiges) gilt: klassischer Pumps mit lederüberzogenem Absatz.

○ Putzen! Putzen! Putzen!

○ Je öfter, desto besser. Beliebige Schuhcreme in der jeweiligen Schuhfarbe.

○ Keine selbstglänzenden Zeitsparprodukte. Der Glanz entsteht durch verdunstenden Alkohol, der das Leder austrocknet.

○ Kein Imprägnierspray, mag er auch noch so umweltfreundlich sein. Schuhfreundlich ist er nicht. Imprägnierspray ist ein Lack, der die Lederporen verklebt. Putzen mit einer Wachscreme leistet einen besseren Dienst.

○ Damit Ihre Finger beim Schuhputzen nicht schmutzig werden, benutzen Sie am besten einen alten Socken und krempeln ihn so zusammen, daß daraus ein kleiner Ball entsteht. Dann nehmen Sie ein Stück Leinenstoff, etwa in der Größe eines Taschentuches und befestigen dieses mit einem Gummiband fest um den Socken. Dieses handliche Gebilde eignet sich ausgezeichnet zum Eincremen der Schuhe, ohne selbst eingecremt zu werden.

○ Auch Ihr Lieblingspaar braucht alle zwei Tage einen Tag Verschnaufpause. Die Damen werden aber bedauerlicherweise feststellen müssen, daß es auf dem Markt für ihre Schuhe kaum Holzspanner zu kaufen gibt. Allenfalls aus Plastik oder Velours.

○ Der Schuh, der Ihren Fuß täglich mehrere Stunden belastet, sollte, da wo der Fuß am breitesten ist, bequem sitzen. Halbe Schuhnummern sind dabei ausschlaggebend für die richtige Wahl. Stellen Sie den Schuh neben Ihren bestrumpften Fuß, Fersen auf gleicher Höhe. Wenn der Schuh 1,5 cm länger ist, ist er groß genug.

○ Schuhe, passend zum Kleid, wirken meist etwas tantenhaft. Die Zeit, wo Schuhe, Handtasche, Handschuhe und Gürtel im Einheitslook als besonders vornehm galten, ist vorbei.

○ Daß man Schuhe mit Hilfe eines Spiegels beurteilt, ist wohl selbstverständlich. Besser als der übliche Fußspiegel ist ein Ganzkörperspiegel. Der Gesamteindruck (Proportion, Absatzhöhe) im Verhältnis zur Körpergröße und Figur ist wichtiger als Details. Schon der Schuhausschnitt kann Ihr Bein optisch verlängern oder verkürzen, Ihre Fußfessel breit oder schmal erscheinen lassen. Schuhe mit Riemen lassen den Fuß oft eingeschnürt erscheinen und machen die Beine optisch kürzer.

○ Wenn Sie hautfarbene Strümpfe tragen und Schuhe mit leicht erhöhtem Absatz in hellem Naturleder, wirkt Ihr Bein um einiges länger.

○ Der Schuh, den Sie tragen, sollte immer etwas dunkler sein als Ihr Kleidungsstück.

Alles, was Ihren Füßen Freude bereitet

Möchten Sie den liebenlangen Tag so eingezwängt sein?
Oft in einer physiologisch ungünstigen Lage stecken?
Dazu noch als permanenter Lastenträger!

○ Zu Hause, am Wochenende und im Urlaub sollten Sie so oft wie möglich die Schuhe ausziehen. Laufen Sie in dicken Socken oder in diesen enterotisierenden Gesundheitsschlappen. Aber am besten ist es, wenn Sie barfuß gehen.

○ Wann immer sich Ihnen die Möglichkeit bietet, laufen Sie barfuß durch das noch taufrische Gras. Fünf Minuten wirken wie ein wahres Wunder. Besonders

kreislaufschwache Menschen mit niedrigem Blut-
druck können davon nur profitieren. Schon Pfarrer
Kneipp hat seinen Patienten diese morgendliche Er-
frischung neben Wassertreten empfohlen.

o Wechselgüsse mit der Dusche. Fangen Sie warm an
und hören Sie kalt auf, damit sich die Kapillargefäße
(haarfeine Blutgefäße) wieder schließen.

o Gönnen Sie sich und Ihren Füßen ab und zu eine Fuß-
massage!

Die Wirkung von Farben

Farbe nehmen wir aus verschiedenen Blickwinkeln wahr: optisch, gefühlsmäßig, psychisch, symbolisch.

Die Farbwahl Ihrer Kleidung hat eine symbolische Signalwirkung für den Betrachter und auch für Sie selbst. Die symbolische Bedeutung der Farben nehmen wir von klein an unbewußt in uns auf.

Rot — Blut, Feuer, Blumen
Gelb — Sonne, Licht
Blau — Meer, Himmel
Grün — Wiesen, Bäume, Wald
Braun — Erde
Schwarz — wie die Nacht, lichtlos

Schwarz setzt sich immer wieder in der Mode durch, und in bestimmten Lebensphasen wird es bevorzugt getragen. Das Tragen schwarzer Kleidung hat unterschiedliche Bedeutungen. Schwarz kann man zu feierlichen Anlässen tragen, es kann aber auch Zeichen der Trauer sein. Diejenigen, die häufig Schwarz tragen, zeigen damit auch eine innere Haltung. Einige sind der Ansicht, daß gerade diese Farbe ihre Person am Wirkungsvollsten zur Geltung bringt — sie lieben den dramatischen Effekt dieser Farbe. Andere aber wollen genau das Gegenteil durch diese Farbe erreichen. Sie möchten in Ruhe gelassen werden und zeigen damit ein Bedürfnis nach Distanz.

Schwarze Glattlederkleidung symbolisiert Aggressivität, Protesthaltung, Andersartigsein — z. B. Rockerkluft, Domina. Farben, die sofort Antipathie in Ihnen auslösen, sind oft an unbewußte negative Erinnerungen gekoppelt.

Die meisten Menschen lassen sich im Laufe der Zeit nur auf ein paar wenige Farben ein, oder sie orientieren sich an den jeweiligen Modefarben. Beides sind Kompromißlösungen, die auf Dauer Unzufriedenheit oder Langeweile auslösen. Wenn Sie sich bei der Beurteilung von Farben, die Sie tragen, nur von Ihren Gefühlen leiten lassen, legen Sie sich damit selbst eine Beschränkung auf, weil Sie nicht alle Möglichkeiten erkennen und für sich nutzen. Eine Möglichkeit, ein neues Verständnis und Erleben für die Wirkung von Farbe zu bekommen besteht in der Farbanalyse. Die Farbanalyse findet anhand Ihres Hauttons die passenden Farben und deren Intensität (Stärke) heraus.

Sie lernen jede Farbe in ihren verschiedenen Abstufungen kennen und erkennen eine Gesetzmäßigkeit, die auf sie persönlich zutrifft.

Die vielleicht wichtigste Erkenntnis nach einer Farbanalyse besteht darin, daß Sie gesehen haben, daß nicht jede Farbe, die Ihnen gefällt oder die Sie gewohnheitsmäßig bevorzugen, auch eine Farbe ist, die gut zu Ihrem Gesicht paßt.

Um erkennen zu können, welche Farbe Ihnen in einer Farbengruppe am besten steht, brauchen Sie Vergleichsmöglichkeiten, denn nicht jede Farbe in ihrer Intensität ist auch unbedingt eine Korrespondenzfarbe für Ihr Gesicht.

Fast jeder hat in seiner Kleidersammlung ein Teil, das immer wieder bevorzugt getragen wird. Bei diesem Stück handelt es sich mit großer Wahrscheinlichkeit um eine Farbe, die Ihnen absolut gut zu Gesicht steht, in der Sie sich auch gerade darum so wohl fühlen. Wenn Farbe, Material und Paßform stimmen, wird ein Kleidungsstück zum Lieblingsstück. Meistens handelt es sich dabei um »Zufallskauf«.

Durch eine gute Farbanalyse und Stilberatung wird jedes neu erworbene Kleidungsstück zur Lieblingskleidung, da Sie sich beim Kauf Ihrer Kleidung nicht mehr ausschließlich auf Ihre subjektive Beurteilung verlassen müssen, sondern objektive Vorteile für sich erkannt haben und diese modeunabhängig sowohl bei der Farbwahl als auch bei der Linienführung für sich nutzen können. Damit versinken Sie nicht mehr im Chaos der unbegrenzten Möglichkeiten. Sie brauchen sich aber auch nicht vor einer neuen Katalogisierung zu fürchten, nach dem Motto, mir steht nur Blau oder Grün. Das Gegenteil wird der Fall sein.

Wenn Sie es einmal an sich selbst erlebt haben, wie oft nur geringe Farbunterschiede Ihr Gesicht frischer oder matter erscheinen lassen, orientieren Sie sich in Zukunft beim Kauf Ihrer Kleidung einzig und allein an sich selbst.

Mit wenigen Ausnahmen können Sie fast jede Farbe tragen. Worauf es ankommt, sind folgende Fragen: Wie ist diese Farbe hinterlegt (gemischt mit anderen Farben)? Ist diese Farbe für mich in einem Warmton oder einem kühleren Ton besser? Ab wann wird die Intensität, also die Ausstrahlung der Farbe, zu stark, so daß »Ihr Rahmen« (die Farben der Kleidung) auffälliger wird als »das

Bild« (Sie selbst), oder ab wann wird die Farbe, die Sie tragen, zu seicht, so daß Ihr Gesicht blasser und undeutlicher erscheint?

Die Ausstrahlung der Farbe hat eine Wirkung auf Ihr Gesicht, die mit der Einstellung eines Bildes beim Fotografieren zu vergleichen ist. Über den Zoomer Ihres Fotoapparates können Sie die gewünschte Wirkung — deutlich oder undeutlich, scharf oder verschwommen — erreichen, wodurch die Fotografie in ihrem Ausdruck beeinflußt wird.

Vielleicht ist es Ihnen schon einmal aufgefallen, daß Ihr Gesicht bei einigen Kleidungsstücken besonders blaß oder abgespannt erscheint. Als Sie dieses Kleidungsstück *kauften*, ist Ihnen das noch nicht aufgefallen. Im Geschäft steht Ihnen der wunderschöne, beigefarbene, sündhaft teure Kaschmirpullover, und bei Tageslicht werden Sie dann von Freunden gefragt, ob Sie sich nicht wohl fühlen, weil Sie so blaß aussehen. Einige versuchen durch stärkeres Schminken wieder mehr »Leben« in ihr Gesicht zu bringen. Boutiquen, Bekleidungsgeschäfte aller Art, Friseursalons und Parfümerien haben oft braun gefärbte Spiegel, damit sich die Käuferin in einem günstigeren Licht sieht.

Versuch

Nehmen Sie aus Ihrem Kleiderschrank acht verschiedene unifarbene Kleidungsstücke, vier davon in kühlen, vier in warmen Farben.

Vier kühle Farben: Weiß, Rot (in Richtung Pink, also bläulich unterlegt), Braun (in Richtung aubergine, also rot unterlegt), Dunkelblau.

Vier warme Farben: Naturweiß (Eierschale), Rot (ins

Orange gehend, also gelb unterlegt), Braun (Kastanie, also gelb unterlegt), Aquamarinblau.

Stellen Sie einen Spiegel auf die Fensterbank, und setzen Sie sich so, daß Ihnen das Tageslicht ins Gesicht fällt. Mit ungeschminktem Gesicht setzen Sie sich nun vor den Spiegel und halten diese Farben wechselweise unter Ihr Gesicht.

Also Weiß — Eierschale

Rot — Rot/Orange

Braun — Braun

Dunkelblau — Aquamarinblau

Achten Sie dabei auf den Gesamteindruck Ihres Gesichtes und finden Sie heraus, bei welcher Farbengruppe Ihr Gesicht deutlicher und Ihre Augen wirkungsvoller erscheinen. Falls vorhanden, achten Sie auch auf Ihre Augenringe oder Mimikfalten (Nasolabialfalten) sowie Hautrötungen. Bei welcher Farbengruppe (kalt oder warm) treten diese Merkmale stärker hervor? Wo verschwinden sie eher im Hintergrund? Bei welcher Farbengruppe wirkt Ihr Gesicht glatter, bei welcher faltiger?

Dieser Test kann natürlich keine Farbanalyse ersetzen, er gibt Ihnen aber die Möglichkeit zu sehen, welchen Einfluß Farbtöne auf Ihr Gesicht ausüben.

Gesicht — Hautton — Farbe

o Ihr Hautton reagiert auf Farbe.

o Die Beschaffenheit der Haut bestimmt den Hautton.

o Es gibt porzellanweiße Haut.

o Hautfarbe mit leicht aschigem Unterton.

o Hautfarbe mit rötlichem Unterton.

o Hautfarbe mit bläulichem Unterton.

o Hautfarbe mit gelblichem Unterton.

o Farbe wirft Licht, und je nach Farbfrequenz (hell/
dunkel, kalt/warm, stumpf/leuchtend) ist die Reso-
nanz in Ihrem Gesicht unterschiedlich.

Sinn der Farbanalyse ist es, die optimale Farbfrequenz
für Ihren Hautton herauszufinden. Farben, die Ihren
Hautton neutralisieren, sind die für Sie geeigneten Farben. Sie unterstützen Ihr Gesicht und vor allem die Augen.

Die folgenden zwei Beispiele aus meiner Praxis sollen
kurz skizzieren, warum die jeweiligen Damen die absolut falschen Farben gewählt hatten.

Die eine Dame bevorzugte in ihrer Kleidung kräftige,
kühle Farben; für ihren Hauttyp sind aber warme Farben
wesentlich besser. Der Grund einer Styling-Beratung
waren bevorstehende berufliche Termine. Bei vorange-
gangenen Terminen hatte sie das Gefühl, nicht ernst genug genommen worden zu sein, was sie auf ihr äußeres
Erscheinungsbild zurückführte. Ihre Verhandlungspart-
ner waren alle konservativ gekleidet.

Die andere Dame brachte ihre Naturverbundenheit
auch in der Farbwahl ihrer Kleidung zum Ausdruck. Sie
wirkt aber in intensiven kühlen Farben wesentlich frischer. Der Grund ihrer Anmeldung war der Wunsch,
auch äußerlich kompetent und aufgeschlossen zu erscheinen.

Farbkombinationen

Wenn Sie starke Farbabstände in Ihrer Garderobe wählen, wie

Weiß — Schwarz,
Weiß — Dunkelblau,
Weiß — dunkles Anthrazit,
Rot — Schwarz,
Bordeau — Weiß — Schwarz,

ist Ihre Wirkung seriös bis autoritär. Tragen Sie dagegen ein helleres Grau, kombiniert mit gedämpften Rosa- oder Hellblau-Tönen, wirkt die Kombination Blazer/Bluse um einiges verbindlicher. Naturtöne, erdige Farben wirken auf andere gediegen und solide (zum Beispiel dunkles Grün, Braun, Eierschale).

Rot wirkt	anregend, positiv, dynamisch.
Gelb wirkt	aufgeschlossen, fröhlich.
Blau	spiegelt Ernsthaftigkeit, Klarheit.
Rosa/Beige	wirken verbindlich.

Dunkle, unifarbene Kombinationen wie Kostüm und Hosenanzug erscheinen immer offiziell. Farblich gemischte Kombinationen wirken verbindlicher. Kombinationen, die Muster enthalten, wie Tweed, Glencheck und Fischgrat, wirken leger.

Für Frauen, die auf Make-up keinen großen Wert legen, ist das Wissen um die richtigen Farben von besonderem Nutzen, weil diese Farben ihr Gesicht besonders vorteilhaft zur Geltung bringen.

Proportionen

Schauen Sie sich schnell in dem Raum, in dem Sie sich befinden, um. Was Ihre Augen zuerst sehen und bewußt wahrnehmen werden, sind alle waagerechten Linien (Fensterbank, oberer und unterer Rand der Bilderrahmen, Tischkante usw.). Diese Feststellung können Sie für die gute Proportionierungen (Farbabstände) Ihrer Garderobe umsetzen. Also, die ins Auge fallenden, waagerechten Linien sind:

o Haupthaar
o Schulterpartie
o Brustumfang, Busenhöhe
o Alle farblichen waagerechten Trennungslinien (z. B. Bluse/Rock)
o Der breiteste Teil Ihrer Hüften
o Saum vom Blazer
o Rocksaum
o Wenn Ihre Schuhe heller sind als Ihre Strümpfe oder als die unterste Saumlinie, verkürzen Sie damit durch die Farbtrennung Ihr Bein optisch

Unsere Augen sehen alle waagerechten Linien zuerst, das bedeutet, daß eine weiße Bluse, in eine dunkle Hose oder Rock gesteckt, unbewußt als eine waagerechte Linie vom Betrachter wahrgenommen wird. Haben Sie vielleicht eine kurze Taille, verkürzen Sie diese optisch noch durch diese Trennung. Ihre Taille würde in diesem Fall mit einer Bluse, die über dem Rock oder der Hose getragen werden kann, länger erscheinen. Sie erscheint auch dann länger, wenn Sie den Übergang Bluse/Rock im gleichen Farbton halten.

Ärmellängen, Gürtel, untere Saumlinie von Ihrem Blazer oder Rocksaum sind auch waagerechte Trennungslinien, die, je stärker der Farbkontrast zwischen ihnen ist, desto deutlicher wahrgenommen werden.

Durch das gekonnte Ausbalancieren der waagerechten Linien können Sie sich optisch proportional ausgewogen darstellen. Wenn Sie sich vor einem Spiegel — am besten in einem Gymnastikanzug — betrachten, können Sie feststellen, was für Ihre Figur typisch ist.

Sehen Sie Ihre Figur eher weich oder kantig gezeichnet? Wie beurteilen Sie Ihre Gesichtsform?

Wenn Sie zum Beispiel feststellen, daß Sie überwiegend weiche, rundliche Formen besitzen, können Sie das in Ihrer Kleidung wiederholen, indem Sie beim Kauf neuer Kleidung darauf achten, daß die Kragenform nicht spitz, sondern leicht rundlich abschließt. Sind auch Ihre Gesichtszüge weich, steht Ihnen eine faustgroße angesteckte Seidenblüte — unabhängig davon, ob sie Ihnen auch gefällt — während das gleiche Accessoire bei einer Frau mit kantigen, geraden Gesichtszügen eher wie ein Propeller wirkt.

Auch ein Hut mit geschwungener Krempe paßt besser zu Ihnen, als ein kastenförmiges Modell. Bei einer Frau mit geradem, etwas kantigem Körperbild ist es umgekehrt. Ihr steht Kleidung mit betont geraden Schnitten und auch Schmuck mit streng gezeichneter Linienführung. Wenn Sie zierlich sind, unterstreicht filigraner Schmuck noch zusätzlich Ihre Zartheit. Vielleicht reizt Sie aber gerade die Diskrepanz, und Sie tragen gerne schweren »massiven« Schmuck. Sind Sie vom Knochenbau schon sehr kräftig, wirkt zierlicher Schmuck deplaciert an Ihnen.

Ihr Handgelenk gibt Ihnen eine Vorstellung Ihrer Knochenstärke. Wenn Sie nach und nach Ihre spezifische Eigenart bewußt berücksichtigen und diese in Ihrer Kleidung und bei den Accessoires wiederholen, wirkt Ihre gesamte äußere Erscheinung sehr stimmig. Haben Sie im Verhältnis zum Oberkörper kurze Beine, erscheinen diese noch kürzer durch zu lange Blazer. Lassen Sie Ihren Blazer *aber* kurz unter oder über Ihrem Schritt enden, erscheinen Ihre Beine optisch länger.

Genauso verhält es sich mit den Schulterpolstern: 2-3 cm breitere Schultern als Hüften wirken natürlich und lassen die Kleidung gut fallen. Sind Sie unter 167 cm groß und ziehen durch sehr auffallende Schulterpolster Ihre Schultern optisch nach außen, wirkt Ihre Figur optisch kleiner und gedrungener. Bei sehr schlanken Menschen ist diese Diskrepanz als modischer »Gag« sichtbar. Seien Sie aber vorsichtig, wenn Sie sowieso schon mit Ihrem Gewicht hadern.

Test:

Stellen Sie sich vor einen Spiegel, in dem Sie sich ganz sehen können. Nehmen Sie Ihre Arme nach hinten, und ziehen Sie dabei Ihre Schulterblätter zusammen. Daran können Sie am schnellsten die Wirkung erkennen und sehen, um wieviel schmäler und größer Sie erscheinen. Also haben verbreiterte Schultern eine gegenteilige Wirkung.

Ihre optimale Rocklänge erkennen Sie schnell, wenn Sie

sich mit einer auseinandergefalteten Tageszeitung (auf jeden Fall steifes Material) vor einem Ganzkörperspiegel stellen. Tragen Sie dabei die Absatzhöhe, die Sie auch zu einem Rock tragen. Halten Sie die Zeitung wie einen Rock vor sich, dann verschieben Sie langsam die waagerechte Linie nach oben oder nach unten, bis zu der Höhe, wo Ihnen Ihr Bein am attraktivsten oder am schlankesten erscheint. Das ist dann Ihre optimale Rocklänge. Ferner gilt: Kombinationen weit/eng. Entweder ist die Jacke (Pullover) weit und die Hose eng, oder die Jacke sitzt ganz schmal, und die Hose ist extra weit. Superkurze Jacken brauchen als Gegenpol etwas mehr Volumen, aber eine schmale Taille. Extra lange Blazer sehen mit kurzen Röcken gut aus (3/4–1/4). Dazu passen am besten mittelhohe Pumps.

Beine

Frauen, die mit der Form Ihrer Beine unzufrieden sind, verstecken Sie oft hinter blickdichten schwarzen Strümpfen. Das ist aber ein Fehler. Durch nichts stellen Sie Ihre Beine so plastisch dar wie mit *blickdichten* sehr dunklen oder hellen Strümpfen.

Test:

Ziehen Sie sich über ein Bein einen blickdichten schwarzen Strumpf, über das andere streifen Sie sich einen schwarzen transparenten Strumpf. Dann stellen Sie sich vor einen Spiegel. Durch den direkten Vergleich können Sie sofort feststellen, welches Bein schlanker erscheint.
Gleichgültig, ob Sie auf der Straße oder im Büro stehen, der Hintergrund wird immer heller als schwarz sein. Da-

durch wird ein Bein in einem blickdichten Strumpf als Profil deutlich sichtbar. Bei dem transparenten Strumpf wird das Bein durch die unterschiedlichen Lichtbrechungen nicht konkret vom Auge erfaßt.

Starke Oberweite

Tragen Sie keine auffallend gemusterte und nicht zu eng sitzende, sondern klassisch schlichte Pullover.
Dafür können Sie auffallendere Muster in den Röcken oder Hosen tragen.
Die Röcke sollten gerade geschnitten und leicht ausgestellt sein. Hosen sollten nicht zu eng sitzen.
Bei Blusen ist darauf zu achten, daß sie keine zusätzlichen Falten oder Brusttaschen haben. Bevorzugen Sie verdeckte Knopfleisten.
Auf keinen Fall dürfen sich waagerechte Streifen in Brusthöhe befinden, und die Ärmel sollten nicht auf Brusthöhe enden.
Ketten sollten nicht auf der Brust enden, sondern kürzer sein.
Bei sehr voluminösen Blusen können Sie auch noch nachträglich unterhalb der Büste Abnäher anbringen, so daß überflüssiges Stoffmaterial aus der Zwerchfellgegend weggenommen wird und dadurch eine Streckung zwischen Büste und Taille entsteht.
Locker fallende Westen überspielen eine starke Oberweite. Vermeiden Sie Reverskragen. Besser sind Jacken und Mäntel mit Betonung im Halsbereich und hoch angesetzten Ärmeln.

Breite Hüften

Vermeiden Sie aufgesetzte Taschen an Röcken, Kleidern, Jacken, Mänteln, an allem, was den Hüften zusätzlich Fülle verleiht. Locker fallende Pullover oder Westen sind günstig. Röcke im Tulpenschnitt sind ungeeignet.

In Röcken und Kleidern machen Sie eine bessere Figur als in Hosen. Wenn Sie trotzdem nicht darauf verzichten wollen, sollte die Hose auf keinen Fall zu eng sitzen. Taschenschlitze, die schräg verlaufen, sind optisch günstiger, als waagerechte.

Wenn Sie kleiner als 170 sind, sollte sich das Hosenbein nach unten etwas verjüngen.

Ihren Mantel (z. B. Trenchcoat) sollten Sie nicht in der Taille binden.

Jacken, die zu Hosen getragen werden, sollten in Schritthöhe oder kurz unter dem breitesten Teil Ihrer Hüften enden. Pastellfarben machen noch kleiner, aber gemischt mit kräftigen Farben lassen sie Sie größer erscheinen.

Wählen Sie Ihren Gürtel in einer dezenten Farbe, damit keine Trennungslinie entsteht.

Wenn Sie bunte Röcke tragen, wählen Sie einen hellen Farbton als Oberteil.

Tragen Sie Hosen in Karottenform oder gerade geschnitten ohne Aufschlag.

Wählen Sie nicht zu hohe Absätze, sonst wirken Sie so, als ob Sie auf Stelzen laufen.

Eine Körperform mit »wenig« Profil

Ihre Kleidung darf in jeder Richtung auftragen, auch ausgefallene Muster stehen Ihnen gut. Tragen Sie Pullover aus verschiedenen Wollmaterialien, blousonartige Jacken, kastenförmige Blazer, aufgesetzte Taschen, angekrauste Röcke, Röcke im Tulpenschnitt (= nach unten hin sich verjüngend). Bevorzugen Sie bei engen Röcken eine Schößchenjacke.

Hohlkreuz

Läßt sich bei Blusen mit Kellerfalte oder angekrauster Schulternaht im Rückenbereich kaschieren.

Was Ihnen steht, wenn Sie sehr groß sind

Ihnen stehen große Kragen sowohl bei Mänteln als auch bei Blusen. Bei Ihnen sieht ein Mantel, der in der Taille gebunden ist, gut aus.
Eine Tunika und Capes stehen Ihnen gut, ebenso Parka-Schnitte mit aufgesetzten Taschen. Sie gehören zu den wenigen, die »Hochwasser« oder die Marlene-Dietrich-Hosen wirklich gut tragen können. Sie können optisch auffallende Gürtel und farbliche Kontraste wählen.

Was Ihnen steht, wenn Sie klein sind

o Kurze Kragen sind vorteilhafter für Sie als große.
o Bluse mit verdeckten Knopfleisten, ohne aufgesetzte Taschen.
o Stadtbermudas (A).
o Hose im »Reiterstil« (B).
o Hose in Karottenform.

○ Hose ohne Aufschläge.

○ Antaillierte, einreihige Blazer (C).

○ Schuhe und Strümpfe Ton in Ton mit Hosen und Rök-
ken, die am Knöchel abschließen.

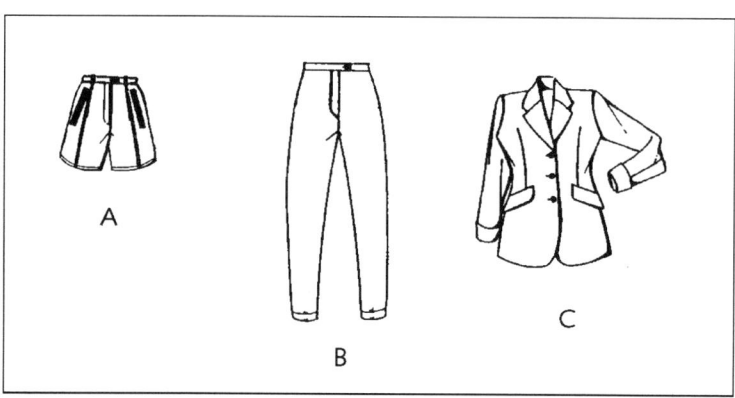

Abbildung mit freundlicher Genehmigung der Zeitschrift »Unique«.

Overdressed – underdressed

Das sind Bezeichnungen, mit denen man das »Zuviel« oder »Zuwenig« an der Bekleidung beschreibt. Geschmack ist ja bekanntlich immer subjektiv. Was der eine als aufgetakelt empfindet, hält der andere für durchaus annehmbar oder sogar nett zurechtgemacht.

Ich kann mich noch gut an das Vorstellungsgespräch einer Arzthelferin erinnern, das ich miterlebt habe. Die junge Frau kam herein, und der erste Eindruck war überwältigend. Sie war schon von Natur aus außergewöhnlich attraktiv. Das schien ihr aber nicht zu reichen. Und so hat sie sich für diesen Termin noch zusätzlich zurechtgemacht.

Dabei hat sie offenbar nicht berücksichtigt, daß sie sich für einen Beruf vorstellt, bei dem sie es in erster Linie mit kranken oder hilfsbedürftigen Menschen zu tun hat. Wenn sie in der gleichen Aufmachung zu einem Vorstellungstermin bei einem Modejournal gegangen wäre, hätte sie den Job sicher bekommen. Ihre Zeugnisse waren gut, in einigen Punkten sogar besser als die ihrer Mitbewerberinnen. Trotzdem hat sie die Stelle nicht bekommen. Was war passiert? Durch ihre äußere Aufmachung (Schmuck, Make-up, Parfum) hat sie einen bestimmten Eindruck erweckt, der gewichtiger war als ihre guten Noten.

Sie können davon ausgehen, daß alle äußeren Eindrücke erst einmal Gefühle im Betrachter auslösen. *Danach* erst fängt man an, die Eindrücke auch logisch zu verarbeiten. Wenn wir dann Auswahlmöglichkeiten haben — mehrere Personen, die in etwa die gleichen Voraussetzungen mitbringen —, werden wir uns überwiegend gefühlsmäßig entscheiden. Immer wieder kommen wir in Situationen, in denen von unserem äußeren Erscheinungsbild und unseren Umgangsformen auf Kompetenz und Qualifikation geschlossen wird.

Die Frage, die sich stellt, ist folgende: Was kann ich tun, um bei wichtigen ersten Kontakten, bei denen der andere noch keine Meinung von mir hat, möglichst einen günstigen ersten Eindruck zu machen?

Bieten Sie dem anderen bei Terminen dieser Art sowenig Interpretationsfläche wie möglich. Mit anderen Worten: Gehen Sie sparsam mit Wirkungsmitteln um — wie schreiende Farben, modische Accessoires usw.

Fragen Sie sich schon vor dem Termin: Habe ich mehr Chancen, wenn ich über mein Äußeres wirke oder wenn ich die Aufmerksamkeit meiner Zuhörer ungebremst auf meine Fähigkeiten lenke und besser nicht durch überflüssige Aufmachung davon ablenke?

Bei Frauen spielt in der Kleiderfrage, bewußt oder unbewußt, der Sexappeal eine wichtige Rolle. Entweder möchte eine Frau den Konkurrenzkampf mit den Geschlechtsgenossinnen aufnehmen — eventuell auch durch eine bewußte Verleugnung — oder eine direkte Signalwirkung auf das andere Geschlecht ausüben.

Sie unterstreichen durch Ihre Kleidung Ihre Persönlichkeit — sowohl in Ihrer beruflichen als auch in Ihrer privaten Umgebung.

Wann bin ich overdressed, wann underdressed?

Bei folgendem Test gilt jedes Teil, das die Aufmerksamkeit des Betrachters findet, als ein Punkt. Wenn Sie mehr als 14 Punkte erzielen, sind Sie overdressed. Bei weniger als 6 Punkten sind Sie underdressed.

Es geht um alles, as Sie *sehen*. Ist Ihre Haarspange *einfach*, dann gilt das als ein Punkt. Je nach Aufwendigkeit der Verzierung steigt die Punktzahl. Genauso verhält es sich mit den folgenden Accessoires bis hin zu den Schuhen.

Test:

Optische Signale sind:	
Punkte:	
_____	jede getragene Farbe
_____	Brille/Brillenkette
_____	Broschen/Abzeichen/Sticker/Krawatten-schmuck
_____	Ohrringe
_____	rote Haare (natürlich oder gefärbt)
_____	Bart oder Schnurrbart
_____	Betontes Augen-Make-up
_____	Halskette/Anhänger
_____	Raffungen/Applikationen/Rüschen
_____	Schleifen/Krawatte/Fliege
_____	Tuch/Einstecktuch
_____	Knöpfe in Kontrastfarben
_____	Manschettenknöpfe
_____	Hosenträger
_____	Gürtelschnalle in Kontrastfarbe
_____	farbiger Nagellack
_____	Armbanduhr
_____	Ring(e)

Punkte:	
_____	Armreif/Armband
_____	Haarschmuck
_____	Handtasche/Aktentasche
_____	farbige oder gemusterte Strümpfe
_____	Schuhe
_____	andere auffällige Merkmale
_____	SUMME

Je mehr man sieht, um so mehr Punkte zählt man. Zum Beispiel: ein einfacher Ehering zählt 1 Punkt, ein einfacher Ring mit einem Stein zählt 2 Punkte, ein Ring mit Weißgold Rotgold, Gelbgold und 3 Steinen = 6 Punkte. Oder einfache Schuhe 1 Punkt, offene Schuhe 2 Punkte.

Achten Sie einmal auf die Werbung, die ihre Botschaft sofort und unmißverständlich »rüberbringt«. Sie werden feststellen — unabhängig davon, ob es sich um einen Kosmetikartikel oder um die Sicherung Ihrer Zukunft durch eine Bank handelt —, daß ausgesprochen *sparsam dekoriert* wird. Die abgebildeten Personen zeigen fast nur Ausstrahlung und den Namen des Produktes.
Unser Auge hat auf *einen Blick die Botschaft gefühlsmäßig erfaßt*. Die Botschaft wird nicht überfrachtet und dadurch sofort in unserem Gehirn gespeichert.
Wenn Sie also *sich und Ihre Ausstrahlung* »herüberbringen« wollen, dann lenken Sie nicht durch visuelle Überfrachtung von sich ab. *10 bis 14 Punkte sind optimal.* Männer überschreiten die Punktezahl selten.
Ein Blick in den Spiegel, bevor Sie das Haus verlassen, sagt Ihnen, ob sie over- oder underdressed sind.

Wie kleide ich mich für ein Vorstellungsgespräch?

Sie können davon ausgehen, daß es für eine ausgeschriebene Stelle eine Vielzahl von Bewerberinnen und Bewerbern gibt, die in etwa eine gleichwertige Ausbildung haben. Deshalb ist der Eindruck, den Sie persönlich bei Ihrer Vorstellung abgeben, nicht unwesentlich für Ihre gesamte Beurteilung.

Auch Personalchefs sind Menschen, die nicht nur Sachliches beurteilen. Und wenn Sie die Qual der Wahl haben, werden sie ihr persönliches Empfinden bei der Entscheidung, wer eingestellt wird, mit in die Waagschale werfen. Informieren Sie sich vor dem Termin über folgende Punkte:

○ Wie stellt sich die Firma selbst dar?
○ Wie sind die Angestellten in dieser Firma gekleidet?
○ Mit wem habe ich es als Gesprächspartner zu tun (Alter, Lebenseinstellung)?
○ Von welchen Personen kann ich etwas über die Firma erfahren?

Wenn Sie vor dem Gespräch sehr aufgeregt sind, üben Sie ein paarmal mit jemandem, der Ihnen nahesteht. Beurteilen Sie hinterher, ob Sie sich selbst aufgrund Ihrer Bewerbung einstellen würden.

Eine Roßkur ist das Tonbandgerät. Es bietet Ihnen aber die Möglichkeit, Ihre Schwachstellen (hastiges Sprechen, zu leise usw.) herauszuhören und zu verbessern.

Bieten Sie sowenig wie möglich äußerliche Interpretationsfläche! Gemeint ist damit Selbstgestricktes, selbstgebastelter Schmuck wie Fimobroschen oder Batikgarderobe.

Bluse oder T-Shirt mit Blumenmuster sind für diesen Tag ungeeignet.

Gemusterte Strümpfe gehören zur Abendgarderobe, sonst kann es Ihnen passieren, daß der Chef sich zwar an diesen Blickfang erinnert, aber nicht an das, was Sie gesagt haben.

Tragen Sie auf keine Fall nagelneue Schuhe, schon gar nicht, wenn Sie sich an diesem Tag über mehrere Stunden in der Firma aufhalten. Wenn Sie Pech haben, konzentrieren Sie sich nach einiger Zeit hauptsächlich auf Ihre Füße und die Schmerzen.

Tragen Sie auch keine ungewohnte Kleidung zu diesem Anlaß. Sie fühlen sich sonst zu Ihrem »Auftritt« noch zusätzlich verkleidet, was nicht gerade zu Ihrem Wohlbefinden beiträgt. Tragen Sie etwas, in dem Sie sich wohl fühlen. Wenn Sie gerne Hosen tragen, fühlen Sie sich sehr wahrscheinlich in einem Hosenrock wohler als in einem engen Kostümrock. Sie müssen auch berücksichtigen, daß durch das häufige Tragen von Hosen Ihre Körperbewegungen entspannter sind. Wenn Sie dann nicht aufpassen, wirken Sie schnell unschicklich.

Mit einem Hosenanzug, Kostüm oder Mantelkleid können Sie wenig falsch machen, und von dieser Anschaffung profitieren Sie lange.

Wichtig sind folgende Punkte

o Kein übertriebenes Make-up
o Kein umwerfendes Parfum
o Hände gut gepflegt
o Fingernägel nicht zu lang und nicht zu rot!
o Maximal fünf verschiedene Schmuckteile

Was Sie sonst noch tun können

o Vor dem Gesprächstermin schriftlich festlegen, welche Fragen Sie an die Firma haben (Spickzettel mitnehmen).
o Planen Sie Fallen wie Parkplatzsuche und unbekanntes Firmengelände mit ein, damit Sie pünktlich erscheinen.
o Üben Sie für sich zu Hause Ihren Lebenslauf rückwärts. (Also nicht mit der Geburt anfangen, sondern im Hier und Jetzt bis zur Geburt.)
o Werden Sie gefragt, warum Sie sich für diese Stelle interessieren, dann argumentieren Sie nicht damit, was Ihnen bei Ihrer vorherigen Stelle nicht gefallen hat, sondern begründen Sie, warum Sie sich für diese Stelle interessieren und welche beruflichen Verbesserungsmöglichkeiten Sie für sich erwarten.
o Lassen Sie Ihre Hände aus dem Gesicht.
o Fragen Sie nicht schon in der ersten halben Stunde nach dem Reglement der Überstunden.

Wenn sich der Arbeitgeber entschieden hat, Sie einzustellen, achten Sie auch weiterhin auf Ihre Kleidung, um Ihr berufliches Fortkommen nicht zu gefährden.
Achten Sie während Ihrer Arbeitszeit auf ein gewisses Gleichmaß in Ihrer Kleideraussage.
Wenn Sie an Ihrem Arbeitsplatz jede Modewandlung

mitmachen (heute Khaki, morgen Karo und übermorgen Rüschen oder Blümchenmuster), signalisieren Sie Ihrem Arbeitgeber auch, daß Sie stets bereit sind, sich anzupassen. Bei Ihren männlichen Arbeitskollegen werden Sie selten die Bereitschaft, modische Kapriolen zu schlagen, feststellen.

Checkliste fürs berufliche Outfit

○ *Haare*: gepflegt und gut geschnitten (keine wallenden Mähnen).

○ *Make-up*: dezent (*Augen* können wirkungsvoll geschminkt sein. Frauen mit sorgfältig geschminkten Lippen wirken kompetent und selbstsicher, und sie werden zuvorkommender behandelt!) (Cosmopolitan 10/90).

○ *Fingernägel*: gepflegt (keinen beschädigten Nagellack)! Keine Straßsteinchen oder sonstige Applikationen. Keine überlangen, knallroten Fingernägel.

○ *Parfüm*: unaufdringlich (schwere blumige Düfte eignen sich für den Abend).

○ *Schmuck*: Nicht mehr als fünf Schmuckteile, Sie wirken sonst schnell überladen.

○ *Brille*: Die Personen, die beruflich mit Ihnen zu tun haben, sollten sich an Ihr Gesicht erinnern und nicht an Ihre Brille. Tragen Sie ein nicht zu auffallendes Modell.

○ *Kleidung*: orientiert sich an den Berufssparten. Eine Künstlerin im grauen Flanellkostüm wirkt genauso inadäquat wie ein Bankangestellter in Gesundheitsschlappen. Am Arbeitsplatz würde ich auf verspielte Kleidung mit Rüschen oder Blumenmustern verzich-

ten. In den meisten Berufen macht sportliche, elegante und zeitlose Kleidung Eindruck. Wichtig ist, daß Sie sich in Ihrer »zweiten Haut« absolut wohl fühlen, was sich in Ihrer gesamten Körpersprache widerspiegelt. Also tragen Sie nicht zu enge Wäsche und Kleidung.

Achten Sie auf Stoffe, die keinen zu hohen Anteil an Polyamiden (Kunststoffen) haben. Materialien wie Lambswool, Schurwolle, Angora, Kaschmir, Alpaka, Baumwolle, Seide und Leinen sind atmungsaktive Stoffe und von daher ausgesprochen hautfreundlich. Diese Stoffe können auch untereinander gemischt sein. Ab 20 % Polyamide besteht die Gefahr, daß sich Körpergeruch bildet. 100 % Leinen ist allerdings nicht ratsam, da es schon nach zehn Minuten knittert. Leinen gemischt mit geringem Kunststoffanteil ist wesentlich günstiger.

o *Strümpfe*: Tragen Sie keine gemusterten Strümpfe. Ein Paar Ersatzstrümpfe in der Tasche oder im Schreibtisch machen aus einer Laufmasche kein anhaltendes Ärgernis.

o *Schuhe*: Tragen Sie keine verspielten Schuhe, auch nicht mit einer Schleife hinten auf der Ferse oder dem Pfennigabsatz aus Metall. Keine roten oder weißen Schuhe! Im allgemeinen wird die Schuhpflege etwas vernachlässigt, dabei runden gepflegte Schuhe das äußere Erscheinungsbild glaubwürdig ab.

o Planen Sie schon am Wochenende anhand Ihres Terminkalenders Ihre Kleidung und prüfen Sie, ob alles in Ordnung ist.

o Wenn Sie außerhalb der Firma mit Geschäftspartnern zusammentreffen, von denen Sie nur wenig wissen, repräsentieren Sie in Ihrem Outfit den Status der Firma. Achten Sie auf sachliche Kleidung.

Karriereknacker — Tips, um garantiert übel aufzufallen

1. Marke »Graue Maus«
2. Ungewaschene Haare
3. Unsaubere Brillengläser
4. Schuppen auf dunklen Stoffen
5. Jegliche Art von Gerüchen oder Düften, die sich weiter als 5 cm von Ihnen entfernen
6. Zähne mit sichtbaren Macken
7. Barthaare, die aussehen wie ein unsauber ausgesätes Petersilienfeld, oder Barthaare, die den Mund nur noch erahnen lassen
8. Knallrote überlange Fingernägel
9. Schmucküberladen
10. Zu eng sitzende Kleidung
11. Transparente Blusen
12. Zu kurze Röcke
13. Sichtbares Futter
14. Nappalederkleidung
15. Billige Pullover mit wilden Mustern oder Drucken
16. Ausgebleichte Jeans
17. Weiße oder bunte Söckchen zu dunklen Hosen
18. Kreppsohlen
19. Stoffsportschuhe mit Neonstreifen
20. Schiefe Absätze
21. Rote, spitze, hochhackige Schuhe oder ausgelatschte Treter (sind ja so bequem!).
22. Metallpinne (metallüberzogene Absätze) Klack! Klack! Klack!

Planen einer Grundgarderobe für Männer und Frauen

Voller Kleiderschrank und nichts anzuziehen. Wie vielen von uns geht es so? Ein Grund dafür mag sein, daß die meisten sich keine ausreichende modeunabhängige Grundgarderobe anschaffen.

Um nicht nur beim Vorstellungsgespräch, sondern auch im Berufsalltag konstant gut angezogen zu sein, sollten Sie sich eine Grundgarderobe zulegen.

Gut gekleidet zu sein ist keine Frage des Geldes, sondern des Geschmacks und auch — wie bei allen anderen Dingen — eine Sache der Planung.

Recherchieren Sie anhand Ihres Terminkalenders 14 Tage rückwirkend, welche Kleidung Sie tatsächlich am meisten brauchten.

Arbeitsbogen

Tag	Geschäftlich	Beruflich	Offiziell	Privat
1				
2				
3				
4				
5				
6				
7				
8				
9				
10				
11				
12				
13				
14				

Mit einer Grundgarderobe sind Sie immer in der Lage, 20 Tage im Monat ohne größeren Aufwand gut gekleidet zu sein.

Ich empfehle Ihnen, das Geld, das Sie für Ihre Bekleidung ausgeben, ungefähr so zu kalkulieren:

- o 80 %   für berufliche Kleidung
- o 15 %   für Freizeitkleidung
- o   5 %   für festliche Kleidung

Geben Sie das meiste Geld für die Kleidung aus, mit der Sie Ihr Geld verdienen!

Es ist immer der andere, der Sie anschauen muß. Sie selbst sehen sich vielleicht nur fünf Minuten vor dem Spiegel. Sie können davon ausgehen, daß es die allgemeine Stimmung hebt, wenn man mit Menschen zusammen ist, denen man einfach ansieht, daß sie auch Wert auf ihr Äußeres legen.

Prioritäten richtig setzen!

Checkliste: Gelegenheiten, für die Sie Kleider parat haben müssen

Geschäftlich

Termine außerhalb oder innerhalb des Unternehmens. Das Niveau des Unternehmens sollte auch an Ihrer Kleidung zu erkennen sein.

o Kundenkontakte
o Akquisition
o Präsentationen
o Empfang von Gästen aus dem In- und Ausland

Beruflich (innerbetrieblich)

Wenn Sie beruflich weiterkommen möchten, sollten Sie immer einen Touch besser angezogen sein, als es dem Anlaß entspricht.

Offiziell

Je offizieller der Anlaß, desto dunkler sollten Sie die Farbe Ihrer Kleidung wählen.

- o Jubiläen
- o Repräsentationspflichten
- o Betriebsfeiern
- o Interviews

Privat

Empfehlung: Wenn Sie sich immer mehr als ökologisch verantwortungsvoll empfinden, dann investieren Sie auch privat in Kleidung, die von längerer Dauer ist und sich den schnellen Modetrends entzieht.

Leider sind die Deutschen laut »Stern« (Heft 18, 1993) mit 23 kg Neuerwerb pro Person und Jahr Weltmeister.

- o Achten Sie auf chemisch unbehandelte Materialien bei Baumwolle, Seide, Leinen und Wolle. Erfreulicherweise ist die ökologische Mode im Kommen, da durch die chemische Behandlung der Textilien bei vielen Menschen Hautreizungen und allergische Reaktionen auftreten.
- o Mode mit Vernunftaspekten ist Mode, die von längerer Dauer ist.

Checkliste: Modetips für Männer

- o Herrenhemden immer mit langem Arm. Jackettärmel nicht zu lang, die Manschette sollte noch ein bis zwei Zentimeter sichtbar sein.

o Keine Verschleißerscheinungen, weder am Hemdkragen noch an der Manschette. Wirkt die Hose schon abgebügelt (leicht glänzend an den Oberschenkeln oder im Gesäßbereich)?

o Stecken Sie sowenig wie möglich in Ihre Gesäß- oder Brusttasche. Von außen darf nichts zu sehen sein.

o Ihre Hose hat dann die korrekte Länge, wenn Sie mit einem kleinen Knick auf den Schuhen steht.

o *Krawatten*: Damit können Sie Ihr ganzes Erscheinungsbild aufmuntern. Hierzu einige Regeln:

> o Der Grundstoff für die Krawatte ist und bleibt die reine Seide.
>
> o Wollkrawatten empfehlen sich nur zu sportlichen, gröberen Stoffen (Tweed, Cord etc.) und zu Pullovern mit V-Ausschnitt.
>
> o Nur einmal Streifen, entweder auf der Krawatte, dem Hemd oder dem Anzug.
>
> o Die klassischen Krawattenmuster sind Streifen, Punkte, Paisleys, Rauten und heraldische Motive.
>
> o Konkrete Krawattenlänge: bis zur Gürtelschnalle.
>
> o Als Kontrast wählen Sie ruhig kräftige, aber keine schreienden Farben. Krawatten sollten möglichst in der Grundfarbe nicht heller als die Anzugfarbe sein.

o Keine Pullover oder Pullunder zu offiziellen Anlässen tragen.

o In einem dreiteiligen Anzug wirken Sie noch eleganter.

Goldene Regeln für gelungene Kombinationen

Oberstes Gebot: niemals mehr als zwei gemusterte Stoffe miteinander kombinieren!

Die klassischen Regeln lauten:
o Zu gemusterten Anzügen oder Kostümen passen einfarbige Hemden oder Blusen kombiniert mit gemusterten Krawatten oder Seidenschals oder
o die gemusterten Anzüge oder Kostüme mit dezent gemusterten Hemden oder Blusen kombinieren, dazu trägt man einfarbige Krawatten oder Seidenschals;
o einfarbige Anzüge oder Kostüme kombiniert man mit gemusterten Hemden oder Blusen, dazu passen dezent gemusterte Krawatten oder Seidenschals.

Anzüge, Kostüme und Mantelkleider

Hier ist Qualität ein absolutes Muß (empfohlene Stoffe: Wolle, Seide, Kaschmir, Baumwolle, Wollgemische, Alpaka etc.)
Perfekter Sitz ist wichtig! Der Jackettkragen schmiegt sich im Idealfall dicht an den Nacken an, wobei etwa eineinhalb Zentimeter des Hemdkragens oder Blusenkragens sichtbar bleiben. Achten Sie beim Kauf darauf,

daß der Schnitt nicht zu eng ist und die Ärmel nicht zu kurz oder zu lang sind.

Hemden und Blusen

Bei leichtem Hohlkreuz und bei überschlanken Figuren sollten die Hemden einen Rückensattel und evtl. eine Kellerfalte haben.

Frauen erscheinen in Blusen immer offizieller als in Pullovern. Allerdings würde ich auf Blusen mit floralem Design oder sehr viel Spitze verzichten. Allzu modische Kragenformen lassen Ihr Kleidungsstück schnell wieder »out« erscheinen.

Männer können zwischen folgenden klassischen Kragenformen wählen:
○ Kentkragen
○ Botton-down-Kragen
○ Haikragen
○ Tab-Kragen

Blazer

Anzugkombinationen wirken immer leger. Der Sakko sollte im Farbton immer heller gehalten werden als die Hose. Richten Sie die Schulterpartie zwei bis drei Zentimeter breiter aus als Ihre Hüften. Der Blazer kann auch andersfarbig zur Hose sein.

Beim Zweireiher wie auch bei der Weste ist es stilistisch richtig, den untersten Knopf offen zu tragen.

Der Einreiher kann zwar während einer Besprechung geöffnet werden, aber nicht vorher.

Sieben klassische Kleidungsstücke für alle Tage

Als klassisch bezeichnet man in der Mode Kleidungsstücke, die aufgrund ihrer Tradition einen Dauerwert besitzen, da Stoffe und Design sich seit Jahrzehnten kaum verändert haben. Schaffen Sie sich Ihre Modeklassiker, die Teile Ihrer persönlichen Sammlung werden und die Sie ab und zu durch »Stilbrüche« witzig oder frech gestalten.

Mit den folgenden sieben Kleidungsstücken besitzen Sie einen Grundstock an Garderobe, von dem Sie lange profitieren werden, wenn Sie darauf achten, daß die Schnitte klassisch und die Stoffe qualitativ hochwertig sind. Achten Sie auch auf chemisch unbehandelte Materialien bei Baumwolle, Seide, Leinen und Wolle. Erfreulicherweise ist die ökologische Mode im Kommen, da durch die chemische Behandlung der Textilien bei vielen Menschen Hautreizungen und allergische Reaktionen auftreten.

Checkliste

o Klassisch geschnittener Mantel (dunkel) für
  kalte Tage

○ Trenchcoat (hell) für die Jahresübergänge
○ Zwei unifarbene Kostüme oder Herrenanzüge
  Wählen Sie Kostüme in klassischen Grundfarben wie
  Anthrazit, Graublau, Dunkelblau, die sich hervorragend mit Blusen, Polos oder T-Shirts in helleren Farben kombinieren lassen. Wenn Sie sich in Hosen-
  röcken wohlfühlen, dann kaufen Sie direkt den dazu
  passenden Hosenrock
○ Hosenanzug oder Herrenkombination
○ Gemusterter Blazer
  Wählen Sie einen Blazer, der sich sowohl mit den Kostümen wie auch mit dem Hosenanzug kombinieren
  läßt. Der unterste Knopf vom Blazer wird stets offen
  getragen
○ Mantelkleid oder ein dunkler Anzug

Durch modisch wechselnde Accessoires paßt sich diese
Kleidung dem neuesten Trend immer wieder an. So eignen sich Schals und Tücher hervorragend, um schnell
eine verändernde Wirkung für das betreffende Kleidungsstück zu erzielen.
Von den jährlich wechelnden Modefarben einmal abge-
sehen, sind klassische Grundgarderobenfarben z.B.

für die kalten Monate
○ Dunkelanthrazit
○ Dunkelblau bis Mittelblau
○ Dunkelbordeaux

für die wärmere Jahreszeit sowie die Übergänge
○ mittleres bis helles Grau
○ mittleres Blau
○ beige Farben in allen Variationen

All diese Farben sind vielfältig kombinierbar.

Bei der Anschaffung Ihrer Grundgarderobe sollten Sie unifarbene Stoffe bevorzugen, weil sich Ihnen dadurch eine größere Kombinationsmöglichkeit bietet. Darüber hinaus sollten Sie sich zu jedem eleganten Anzug oder Kostüm folgendes leisten:

○ Eine zusätzliche Hose, die zum Jackett paßt
○ Sieben Hemden oder Blusen
○ Drei Krawatten, Seidenschals oder Tücher
○ Einen Gürtel
○ Zwei Paar Schuhe, die den Stil des Anzugs oder Kostüms unterstreichen
○ Vier Paar farblich zur Hose passende lange Socken oder Kniestrümpfe

Kleiderschrank-
Neuordnung

Kein Mensch braucht zwanzig Blusen oder dreißig T-Shirts. Tatsache ist, daß wir nur 20 bis 25 % unserer Kleidung regelmäßig tragen. Der Rest ist überflüssiger Ballast, wird vergessen oder sporadisch zwei- oder dreimal ans Tageslicht gezogen, um danach für den Rest des Jahres wieder in den Kleiderschrank zu verschwinden. Gründe wie:
»Ist ja noch nichts dran« oder
»Kaum getragen«,
»War mal ganz schön teuer«,
»Die Mode kommt vielleicht mal wieder«,
»Ein ganz edler Stoff«,
»Da hungere ich mich wieder rein«,
»Darin habe ich mal so nett ausgesehen«
sie sind es, die unsere Kleiderschränke verstopfen und einen Überblick dessen, was wir besitzen, gar nicht mehr ermöglichen.
Wer als Kind häufig die Kleidung seiner Geschwister oder Verwandten aufgetragen hat, wird sich immer schwer von seiner selbstgekauften Kleidung trennen, auch wenn sie in seiner Garderobe schon lange keine Rolle mehr spielt.
Diejenigen, die ihre Frustration durch den Kauf von schöner Kleidung für kurze Zeit vergessen, haben den

Kleiderschrank zwar voller Trösterlies, aber immer noch das Gefühl, nichts zum Anziehen zu haben. Kleidung eignet sich hervorragend als Kompensation: Sie läßt sich schnell kaufen, aber wirkt nur sehr kurz.

Diese und noch andere Gründe sind es, die unsere Kleiderschränke verstopfen und einen Durchblick dessen, was wir besitzen, gar nicht mehr ermöglichen. Wenn Sie das ändern wollen, hilft nur die konsequente Entschlossenheit, den Kleiderschrank zu entrümpeln.

Ein verregnetes Wochenende eignet sich am besten dazu. Nehmen Sie sich zwei leere Koffer. In den einen deponieren Sie die Kleidung, die vielleicht in einem Second-hand-Shop Abnehmer findet, in den anderen die Teile, die Sie bei der nächsten Kleidersammlung vor die Tür stellen. Entfernen Sie alle Sachen aus Ihrem Kleiderschrank, die nicht Ihrer gegenwärtigen Größe entsprechen, also Kleidung, für die Sie zu- oder abnehmen müssen!

Von Nutzen ist nur die Kleidung, die Ihnen jetzt paßt. Wenn Sie die Möglichkeit haben, hängen Sie Ihre Abendgarderobe ganz woanders hin.

Auch die extreme Sommer- oder Winterkleidung (Ski-Anzug und Strandbekleidung) sollten Sie möglichst aus dem Kleiderschrank für die Zeit des Nichtgebrauchs verbannen. Bei dieser Gelegenheit sortieren Sie die Stücke, die zur Reinigung, zum Schuster oder Schneider sollten, gleich mit aus. Fragen Sie sich bei jedem Kleidungsstück, ob es eine aktive Rolle in Ihrer Garderobe spielt. Kleidung, die Sie weniger als viermal im Jahr tragen, wird mit der Zeit bestimmt nicht attraktiver für Sie. Trennen Sie sich davon! Verfahren Sie bei Ihren Handtaschen, Schuhen, Stiefeln, Tüchern, Modeschmuck usw. genauso.

Die verbliebene Kleidung sortieren Sie nach Farben und

stapeln sie — zum Beispiel vom schwarzen Rollkragen-
pullover bis zum schwarzen T-Shirt — übereinander, so
daß im Kleiderschrank in sich stimmige Farbgruppen
entstehen. Bei bunten Pullovern oder T-Shirts orientieren Sie sich nach dem Hauptfarbanteil, und ordnen Sie
sie in die zugehörige Gruppe ein. Wenn Sie jetzt Ihren
Kleiderschrank öffnen, schauen Sie auf Farbgruppen.
Dadurch erfassen Sie viel schneller Kombinationsmög-
lichkeiten. Oft wird die Kleidung genau in der Kombi-
nationszusammenstellung, wie sie gekauft worden ist,
getragen. Bei obigem Verfahren entdecken Sie neue
Möglichkeiten, und die Suche, wo was liegt, hört auf.
Tücher nach Farben sortieren und in Sichtweite legen.
Die Garderobe, die Sie auf Ihre Kleiderstange hängen,
soll auch farblich sortiert sein. Wenn Sie davorstehen,
fängt rechts Schwarz an und nach links geht Schwarz in
Grau über, von Grau nach Dunkelblau bis Hellblau bis
hin zu hellen Farbgruppen. Links auf der Kleiderstange
hängen die Kleidungsstücke von Beige bis Weiß.
Die Kleidung, die farblich zusammenhängt, wird in sich
geordnet: Elegant, sachlich, leger, so daß zum Beispiel
in der blauen Gruppe rechts außen das dunkelblaue Kostüm oder der Hosenanzug, links außen die Jeans hängen.
Ihre Gürtelsammlung hängen Sie am besten in einen
Warenring an Ihre Kleiderstange (in Eisenwarenge-
schäften erhältlich).
Bei dieser Kleiderschrankordnung fällt Ihnen die Entscheidung, was Sie heute anziehen sollen, leichter. Und
Sie haben sofort den Überblick.

Sie werden sehen, nach so einer Aktion fühlen Sie sich
erleichtert, und Sie können eine Liste anfertigen: Was

ist vorhanden? Was muß ich mir noch anschaffen, um meine Grundgarderobe zu vervollständigen?

Schaffen Sie alle zwei Jahre auf diese Weise Ordnung, dann ist Ihr Kleiderschrank stets à jour. Die eventuell entstandenen Fehlkäufe können anderen nutzen, die nicht die Möglichkeit haben, sich nach ihrem Geschmack zu kleiden. Einige karitative Verbände haben monatlich für sozialschwache Mitbürger eine kostenlose Kleiderausgabe, zum Beispiel Rotes Kreuz, Caritas-Verband, Malteserhilfsdienst und Paritätischer Wohlfahrtsverband.

Je weniger Sie im Kleiderschrank haben, desto mehr haben Sie zum Anziehen!!!

Wie ermittle ich meinen Garderobenbedarf?

Ziehen Sie Ihren Terminkalender zu Rate.
Wo und wie oft waren Sie in Situationen, bei denen korrekte Kleidung angesagt war?

o Kleidung am Wochenende schon für kommende wichtige Termine in der darauffolgenden Woche zusammenhängen. (Für Frauen: Strümpfe schon in die Jackentasche stecken.) Die ausgesuchte Bluse über den Blazer hängen.

o Seien Sie immer etwas besser und gepflegter angezogen, als es dem Anlaß entspricht.

Erstellen eines Einkaufsplaners

Berufstätigen Frauen erspart der Einkaufsplaner viele unnötige Wege. Zusätzlich gibt er Ihnen einen Überblick, wieviel Sie im Monat für Ihr Aussehen ausgeben. Ein Einkaufsplaner macht aus einem Schnäppchen keine Niete, da Sie wichtige Informationen und die Kleidergrößen aller Familienmitglieder zur Hand haben. Günstig ist es auch, eine Seite für Geschenkideen zu reservieren; so sucht man zu Geburtstagen oder an Weihnachten nicht hektisch nach den passenden Präsenten. Der Einkaufsplaner hilft Ihnen, Zeit und Geld zu sparen. Am besten eignet sich dazu ein Taschenkalender aus Leder oder Kunstleder, für den Sie zusätzlich eine Scheckkartenhülle kaufen können.

Notieren Sie:

o Telefonnummern von Bekleidungsgeschäften, die Sie bevorzugen, Schuster, Reinigung, Änderungsschneiderei, Kosmetikgeschäft, Friseur, Apotheke.
o Im Seitenfach bewahren Sie Abholzettel auf.
o In einem anderen bewahren Sie alle Quittungsbelege auf.
o Eine transparente Scheckkarteneinlage eignet sich für Farbmuster oder Ausschnitte aus Modezeitschriften.

○ Schuh- und Kleidergrößen der Kinder, Kragenweite vom Ehemann, T-Shirt-Größen der Familienmitglieder.

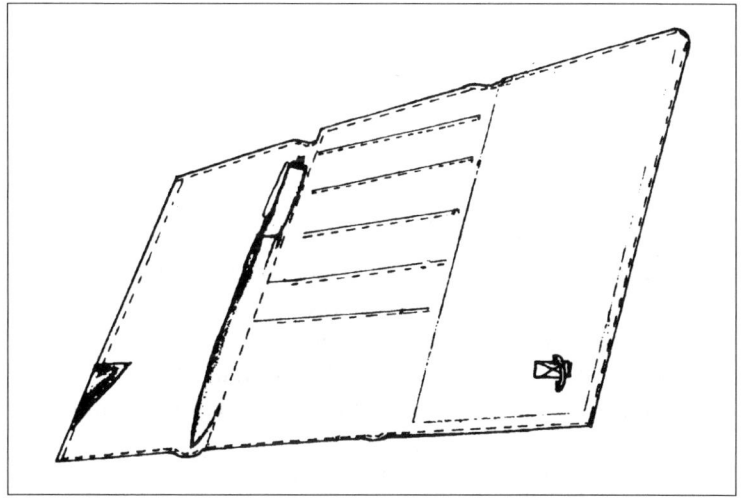

Ihr Einkaufsplaner

Worauf Sie beim Einkauf Ihrer Kleidung achten sollten

a) Schnitt: Eigene Physiognomie
b) Farbe: Hautton
c) Muster   Knochenstärke (Handgelenk) groß, mittel oder klein
d) Stoffart: Fließend oder steif
e) Verarbeitung: Muster aufeinander
                     Innenfutter darf nicht überlappen
f) Kombinierbar: Zeitgeist (Mode)
h) Material: Besser wenig und hochwertig als viel und mittelmäßig

Empfehlungen

1. Sortieren Sie die Kleidung in Ihrem Kleiderschrank nach Farbgruppen.
2. Planen Sie Ihre Garderobe wie ein »Baukastensystem«. Halten Sie sich anfangs an maximal zwei Grundfarben, bis Sie in diesen beiden Farben ein Komplet beisammen haben.
3. Kaufen Sie nur zweimal im Jahr, und zwar anhand einer Einkaufsliste und Ihren Farbvorstellungen.
4. Vermeiden Sie Farben, die nicht in Ihre Farbgruppe passen.

5. Geben Sie das meiste Geld für die Kleidung aus, die Sie oft tragen.

6. Tragen Sie beim Einkauf neuer Kleidung hochwertige Sachen und die Schuhe, die Sie zu dem Kleidungsstück tragen möchten. Dann haben Sie bessere Vergleichsmöglichkeiten.

7. Im Beruf stark engagierte Personen sind oft in Zeitnot. Besonders für sie lohnt sich das Anlegen eines Einkaufsplaners.

8. Achten Sie darauf, daß Schnittführung und Musterstärke ihrer Figur entsprechen.

9. Keine extrem modischen Revers und auch keine anderen kurzlebigen Modeerscheinungen, da diese Kleidungsstücke schnell wieder »out« sind.

10. Schuhe: Von Ihrem Lieblingspaar (vorausgesetzt, es ist zeitlos, unifarben und klassisch geformt) kaufen Sie am besten direkt ein zweites Paar. Das erspart Ihnen wie schon gesagt, viel Zeit und Mühe bei der Suche nach exakt dem gleichen Modell.

11. Von allzu großen Handtaschen Abstand nehmen. Bei den meisten Frauen wirken sie unproportioniert.

12. Gehen Sie mit Schmuck sparsam um, und achten Sie darauf, daß der Schmuck auch typmäßig zu Ihnen paßt.

13. Die Rocklänge sollten Sie von der Form Ihrer Beine abhängig machen.

14. Beim Kauf einer Hose ist ein kritischer Blick in einen dreiteiligen Spiegel immer angebracht. Stecken Sie die Hände in die Hosentaschen und prüfen Sie im Spiegel, ob sich der Slip abzeichnet; falls ja, sollten Sie die Hose eine Nummer größer kaufen.

15. Plastikgürtel und große Plastikknöpfe wirken immer billig. Nehmen Sie hochwertiges Material.

Das 1 x 1
der persönlichen
Präsentation

Das äußere Erscheinungsbild hat einen statistisch nachweisbaren Effekt auf die berufliche Laufbahn.

Clarita Simeon beauftragte 1987 über 300 Personalleiter in der Schweiz zu den Einstellungschancen einer fiktiven Bewerberin. Sie legte von ihr drei Fotos unterschiedlicher Aufmachung vor, und zwar

○ in männlicher,
○ in neutral-zurückhaltender
○ und in einer ausgesprochen weiblichen.

Wie auch nicht anders zu erwarten war, erhielt der neutral-zurückhaltende Stil von den Personalleitern den meisten Zuspruch (Zeitschrift FORUM, Dez. 91).

Aber selbst das perfekteste Erscheinungsbild täuscht über Ihre innere Einstellung zu sich selbst nicht hinweg: Gesichtsausdruck, Blickkontakt, Händedruck sind weitere wichtige Signale. Zur eigenen Persönlichkeitsentwicklung gehört auch ein zunehmend besseres Verständnis für sich selbst. Je mehr Achtung Sie vor sich selbst haben, um so mehr Achtung können Sie auch anderen Menschen entgegenbringen. Bei jeder Begegnung, sei sie beruflich oder privat, spürt der Betrachter, ob äußere Aussage und innere Einstellung übereinstimmend sind. Wirken Sie als Person »echt«, also im ganzen stimmig, so signalisieren Sie Stil, Profil und Authentizität. Fachliches Wissen und Kompetenz stellen Sie so am wirkungsvollsten dar.

Empfehlungen

o Kommen Sie rechtzeitig und nicht abgehetzt zu vereinbarten Terminen (Anreiseweg großzügig mit einkalkulieren!

o Informieren Sie sich ausreichend über das Unternehmen, bei dem Sie sich vorstellen möchten. Das erhöht im Gesprächsverlauf Ihre Selbstsicherheit wird von Ihrem Gesprächspartner positiv registriert. Zeigen Sie durch Detailfragen Interesse und Kompetenz.

o Für den Berufsalltag wählen Sie schlichte, der Branche entsprechende Kleidung, in der Sie sich wohlfühlen.

o Die Kleidung sollte Ihnen Bewegungsfreiheit geben, d. h., sie darf nicht zu eng sitzen.

o Tragen Sie niemals nagelneue Schuhe für einen Achtstundentag. Sie werden ihn ansonsten nur qualvoll überstehen.

o Vorsicht mit Düften jeglicher Art! Berücksichtigen Sie, daß Ihre Nase ein schnell ermüdendes Sinnesorgan ist, so daß Sie selbst schon nach kurzer Zeit Ihr Parfüm nicht mehr wahrnehmen.

o Schmuck. Er gibt genau wie Kleidung Anlaß zu Interpretationen, sagen also einiges über den Träger aus. Gehen Sie also sparsam mit Accessoires dieser Art um.

Frauen

Sie sollten nicht mehr als fünf verschiedene Schmuckstücke auf einmal tragen. Mixen Sie nie Gold mit Silber, und Omas Erbbrosche paßt nun mal nicht zur Swatchuhr.

Männer

Verzichten Sie auf Ohrschmuck. Im Berufsbild wirkt diese Form der neu erworbenen Individualität von Männern immer noch sehr exotisch. Beschränken Sie sich auf Krawattennadel, Manschettenknöpfe, Ehering, Familienring, Armbanduhr — mehr nicht!

o Wenn Sie kurz vor oder während Ihres Arbeitstages die Gelegenheit haben, etwas für sich privat einzukaufen, dann tragen Sie es nicht in Plastiktüten oder Leinenbeutel mit sich herum.

Wenn Sie andere managen wollen, dann zeigen Sie zuerst, daß Sie in der Lage sind, sich selbst gut zu managen, und das sieht man am besten an Ihrem äußeren Erscheinungsbild.

Kofferpacken

Die zweckmäßigste Kleidung zum Beispiel für ein Wochenend-Seminar nutzt Ihnen nichts, wenn Sie nicht fachgerecht im Koffer eingepackt wurde. Nichts ist ärgerlicher als ein verknitterter Rock oder eine Hose und Blusen mit Knickfalten oder eine ausgelaufene Make-up-Tube.

Auch Kofferpacken muß gelernt sein!

Wenn Ihnen knitterfreie Kleidung wichtig ist, lohnt sich (besonders bei Leinenkleidung) ein Vorrat an Seidenpapier. Die Kleidung, die in den Koffer kommt, wird mit mindestens zwei Lagen Seidenpapier ausgestattet, bevor sie gefaltet wird, so daß sich in den Knickfalten immer Seidenpapier befindet.

Einen Plissee- oder Faltenrock dreimal längs zusammenlegen und in das Bein einer Strumpfhose ziehen.

Wenn Sie beruflich viel unterwegs sind, ist ein Reisebügeleisen sinnvoll. Heute gibt es Haarföne, die sich durch einen Aufsatz schnell in ein Bügeleisen verwandeln lassen. Um sowenig wie möglich Platz zu verschenken, stecken Sie Strümpfe und Socken in die Schuhe. Gürtel nicht aufrollen, sondern flach hineinlegen. Die schwerste Kleidung legen Sie unten in den Koffer. Schuhe und andere schwere Sachen stets an der Scharnierseite verstauen.

Wenn Sie nur für ein paar Tage verreisen, eignen sich unifarbene Kleidungsstücke, die Sie vielseitig einsetzen und kombinieren können, am besten.

Ein Kostüm, die dazugehörige Hose, Hosenrock und ein Mantelkleid, lassen sich von der Anreise bis zum Abend immer gut einsetzen.

Trotz aller rationellen Planung sollten Sie ein Lieblingsstück dabei haben. Vielleicht treffen Sie das Hotel nicht so an, wie Sie sich es vorgestellt haben, oder Ihre Stimmung ist nicht zum besten, dann ist es wichtig, daß Sie etwas anziehen können, in dem Sie sich wohler fühlen. Wichtig ist auch ein zweiter andersfarbiger Blazer, der zu den restlichen Teilen paßt.

Das Mantelkleid (vorausgesetzt, es ist unifarben) wirkt tagsüber tadellos und kann abends eventuell auch gemusterte Strümpfe, Schuhe mit höherem Absatz, auffälligerem Schmuck und/oder durch einen Chiffonschal sehr elegant aufgewertet werden.

Falls Sie gern mit dem Zug fahren oder unterwegs oft aussteigen, fühlen Sie sich im Hosenrock wohler als im engen Rock.

Haben sich die Temperaturen abends abgekühlt, und Sie möchten spazierengehen, sind Sie mit der langen Hose gut bedient.

Zwei Paar Schuhe in der Farbe Ihrer Garderobe — einmal flacher für die Hose oder den Hosenrock und höher für Kostüm und Kleid — runden die Grundausstattung ab. Dazu kommen je nach Jahreszeit T-Shirts, Blusen oder feine Pullover.

Die Hose legen Sie zuerst auf den Kofferboden, und zwar mit dem Bund zur einen Seite, während die Hosenbeine über den Kofferrand hängen, Hosenrock mit dem Bund zur anderen Seite.

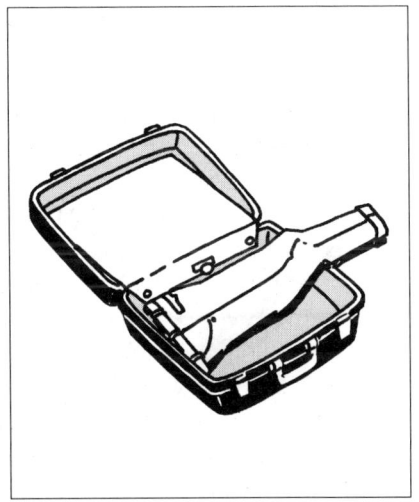

Jetzt kommt der Blazer, mit der zugeknöpften Seite nach oben. Wenn vorhanden, benutzen Sie ein Packset mit Bügel und Packstange.

Auf den Blazer kommt der Rock.

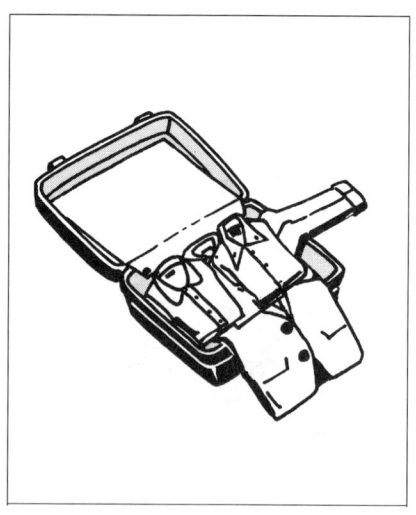

Den Koffer weiter mit Bluse, Pullis, T-Shirts und Wäsche füllen, bis die Fläche glatt ist.

Jetzt die Hose zurück in den Koffer schlagen, Ledergürtel rundum am Koffer auslegen.

Schuhe in Schuh- oder Plastikbeutel packen und mit anderen schweren Sachen stets an der Scharnierseite verstauen. Gehen Sie kein Risiko ein, und verpacken Sie Kosmetikartikel nicht zusammen mit Ihrer Kleidung.

Notizen für »neue Ziele«

Wenn Sie sich am Ende dieses Buches motiviert fühlen, etwas von dem, was angesprochen wurde, umzusetzen, dann beantworten Sie die nun folgenden Fragen schriftlich.

1. Was ist mein Ziel? (z. B. die richtige Grundgarderobe)

2. Wo will ich mich verbessern? (z. B. keine »Schnäppcheneinkäufe«)

3. Was will ich erreichen? (z. B. Zeit und Geld sparen)

4. Was kann mich daran hindern? (z. B. Werbung, Schaufensterdekorationen usw.)

1. In welcher Zeit will ich mein Ziel erreichen? (z. B. ein Jahr)

2. Was muß ich für mich verändern? (z. B. vorher schon schriftlich festlegen, was ich brauche)

3. Ist das Ziel, das ich erreichen will, auch wirklich mein Ziel?

Die Motivation bleibt nur dann erhalten, wenn Sie wirklich Ihr Ziel verfolgen und nicht unterbewußt irgendwelchen Klischeevorstellungen gerecht werden wollen. Angenommen, eine Ihnen nahestehende Person wünscht sich, daß Sie etwas abnehmen, sportlicher werden oder mit dem Rauchen aufhören. Die Begründungen sind sehr plausibel und vernünftig (Gesundheit usw.), dadurch fassen Sie den Vorsatz, in Zukunft das Rauchen zu reduzieren und gesünder zu leben. Das Problem ist nur, daß dieser Vorsatz nicht lange von Dauer sein wird, weil es eben *nicht Ihr Ziel* ist.

Immer, wenn Sie einen neuen Vorsatz fassen, beantworten Sie sich die Frage: Warum *will ich* dieses Ziel für mich erreichen?

4. Wie werde ich mich auf dem Weg zu meinen Ziel fühlen?

_____

_____

_____

_____

5. Was wird für mich durch das Erreichen meines Zieles besser? (z. B. Zufriedenheit mit mir und meiner Kleidung).

_____

_____

_____

_____

Streben Sie nicht zu viele Ziele auf einmal an! Ordnen Sie Ihre Ziele nach Dringlichkeitsgraden:

1. Ziel _____

2. Ziel _____

3. Ziel _____

Mit welchem Ziel fange ich an?
Was will ich in den nächsten drei Wochen verändert haben?
Wer kann mich bei meinen Zielen unterstützen?
An wen kann ich Aufgaben abgeben, um mein Ziel leichter oder schneller zu erreichen?

Viel Erfolg!

Literatur

Persönlichkeitsprofil
Identity vom Scheitel bis zum Schreibtisch
Veronika Zickendraht
Business

Karriere-Knigge
Der Verkäufer und sein Outfit
Lenfers, Trainer-Föderation Hildesheim

Die Kleidung unsere zweite Haut
Paulus Johannes Lehmann
Access Verlag

Die Brille
Vera F. Birkenbihl — Carlo Küster
mvg Verlag

Krawatten
Das Handbuch
Stefan Thull
Ullstein Sachbuch

Wie Farben wirken
Eva Heller
Rowohlt Verlag

Gesundheit ist eßbar
Michael Lukas Moeller
Waldhausen Verlag

JOBFIT Erfolgreich Bewerben
Band 2
Forum Verlag

Der Mythos Schönheit
Naomi Wolf
Rowohlt Verlag

Denk dich nach vorn
Cora Besser-Siegmund, Harry Siegmund
ECON Verlag

Du mußt nicht bleiben, wie du bist
Spielerisch die eigene Persönlichkeit neu entwickeln
Cora Besser-Siegmund, Harry Siegmund
ECON Verlag

Manager-Knigge
Dr. Heinz Commer
ECON Verlag

Helga Dürselen

Heilfasten

Entschlackung und Entgiftung nach der
Buchinger-Methode

192 Seiten, TB 20191-3

Überarbeitete Neuauflage

Heilfasten ist nicht nur eine Methode, um überflüssige Pfunde zu verlieren. Richtig durchgeführt, bedeutet es Heilung für Leib und Seele.

Aus dem Inhalt:
- Erfahrungsberichte
- Methoden des Heilfastens
- Ernährung nach dem Fasten
- Heilfasten in der Klinik und zu Hause
- Originalrezepte aus der Buchinger-Klinik in Bad Pyrmont

Helga Dürselen ist Journalistin, Buch-, Rundfunk- und Fernsehautorin und hat mehrere Heilfastenkuren nach der Buchinger-Methode erfolgreich durchgeführt.

ECON Taschenbuch Verlag
Postfach 30 03 21 · 40403 Düsseldorf

Cora Besser-Siegmund

Easy Weight
Der mentale Weg zum natürlichen Schlanksein

192 Seiten, TB 20458-0

Überarbeitete Neuauflage

Wie ungesund Übergewicht ist, weiß jeder. Wie schwer es ist, durch schiere Willensanstrengung schlank zu werden und zu bleiben, wissen alle, die sich mit Kalorienzählen und »Wunderdiäten« abgeplagt haben. Easy Weight bietet einen völlig neuen Ansatz. Die Autorin zeigt systematische Übungen zur Selbsthilfe und erklärt an vielen Fallbeispielen, wie jeder sein wahres Gewicht erreichen kann.

ECON Taschenbuch Verlag
Postfach 30 03 21 · 40403 Düsseldorf